Daniel Niederberger

Hin zu einer kinderorientierten Trennung

Eine Art Handbuch

Publishing Partners

«Kinder kommen aus der Liebe – mögen sie in der zerbrochenen Liebe nicht vergessen gehen. Dies wünschen sie – haben sie verdient – das möchte ich ihnen gönnen.»

Daniel Niederberger

Daniel Niederberger
Hin zu einer kinderorientierten Trennung

ISBN 978-3-9524845-6-2

1. Auflage, Juni 2018

Umschlagzeichnung und Illustrationen: Daniel Niederberger
Korrektorat: Marlis Boeschenstein
Druck und Vertrieb: Books on Demand, Norderstedt, www.bod.de
Herstellung und Verlag: Publishing Partners, Biel-Bienne

Mein Dank geht an Josef Duss-von Werdt,
der mich in Ausbildung, Supervision und später kollegialen Gesprächen lehrte, möglichst unvoreingenommen über das Menschliche nachzudenken.

Danken möchte ich auch Robert Hartmann,
der mein Manuskript kritisch geprüft und,
wo es nötig war, sprachlich verbessert hat.

Inhalt

Drei wichtige Gedankengänge für eine kinderorientierte Trennung

Der erste wichtige Gedankengang: Was zurückbleibt – Mit schlechten Gefühlen umgehen lernen

Typische Gedanken und Gefühle während und nach der Trennung sind zum Beispiel:

Bei der Frau	Beim Mann
• Ja, er ist ein Arschloch.	• Ja, sie ist eine Schlampe.
• Ja, er ließ mich sitzen wegen einer anderen.	• Ja, sie ließ mich sitzen wegen eines anderen.
• Ja, er ließ mich sitzen wegen einer Jüngeren.	• Ja, sie braucht dauernd einen tollen Hecht.
• Ja, ihm war seine Karriere wichtiger als ich und die Kinder.	• Ja, ihr waren nur die Kinder wichtig, als Mann zählte ich nichts.
• Ja, er wollte Kinder, sie waren ihm aber letztlich egal.	• Ja, sie wollte nur meine Attraktivität, ich war für sie nur ein Vorzeigemann.
• Ja, er wollte nur meine Schönheit, ich war für ihn nur eine Vorzeigefrau.	• Ja, jetzt wo ich älter bin, genüge ich ihr nicht mehr.
• Ja, jetzt wo ich älter bin, genüge ich ihm nicht mehr.	• Ja, sie hat mir so viel Schönes vorgesäuselt, alles nur Gefasel.
• Ja, er hat uns das Blaue vom Himmel versprochen, alles nur hohle Worte.	• Ja, sie ist nur Vollblutmutter, kann nur verwöhnen, kann es nicht eingestehen.
• Ja, er hat keine Ahnung von Kindern und Erziehung, kann es aber nicht eingestehen.	• Ja, sie suchte einen Vater, aber keinen Partner.

Bei der Frau	Beim Mann
• Ja, er suchte eine Mutter, keine Frau.	• Ja, sie wollte nur meinen Status, in meinen Stand hineinheiraten – als Person war ich ihr egal.
• Ja, er wollte nur Sex, aber keine Partnerin und Mutter.	• Ja, sie wollte nur mein Geld.
• Ja, er wollte nur meinen Status, in meinen Stand hineinheiraten – als Person war ich ihm schnurzegal.	• Ja, sie hat die Trennung provoziert, hätte sich mehr Mühe geben können, es einfach darauf ankommen lassen.
• Ja, er hat mich gebumst, gevögelt und dann fallenlassen, ja, er hat mich verraten, missbraucht.	• Ja, sie ist zur Emanze mutiert, sah bei Männern allgemein nur noch das Negative.
• Ja, er hat die Trennung provoziert, hätte sich mehr Mühe geben können, es einfach darauf ankommen lassen.	• Ja, sie ist nie, nie richtig zu mir gestanden.
• Ja, er ist ein Schlappschwanz.	• Ja, ich war nur zweite Wahl, weil der andere sie sitzen ließ.
• Ja, seine Kollegen waren ihm wichtiger.	• Ja, sie ist eine Egoistin, hat sich nie richtig auf mich eingelassen.
• Ja, er ist nie, nie richtig zu mir und den Kindern gestanden.	• Ja, ich war für sie nur Statussymbol und die Kinder auch.
• Ja, ich war nur zweite Wahl, weil er die andere nicht bekommen hat.	• Ja, ihr ist ihre Sexualität wichtiger als ich und die Kinder.
• Ja, er war zu geizig, auch mal was für mich aufzuwenden, zu geizig für die Wünsche seiner Frau.	• Ja, sie hätte die Kinder verdorben, zusammen mit ihrer Mutter, wollte von ihrem «Familienstil» nicht ablassen.
• Ja, er ist ein Egoist.	• Ja, sie ist eine Egomanin, sie ordnet ihrem Egoismus alles unter.

Bei der Frau	Beim Mann
● Ja, ich war für ihn nur Statussymbol und die Kinder auch.	● Ja, ich habe mich aufgeopfert, auf vieles verzichtet und bezahle jetzt den Preis.
● Ja, er hat mich entblößt, begrabscht, entehrt und fallenlassen.	● Ja, ich habe für sie und die Kinder auf so viel verzichtet, so viel aufgegeben und kein bisschen Dank erhalten.
● Ja, er hätte die Kinder verdorben, wollte von seinem «Familienstil» nicht ablassen.	● Ja, von Liebe und Partnerschaft hat sie keinen blassen Schimmer.
● Ja, er ist ein Egomane, er ordnet seinem Egoismus alles unter.	● Ja, sie hat von Treue und von «auf immer» geredet und macht es sich nun so einfach.
● Ja, ich habe mich aufgeopfert	● Ja, sie hat die Kinder gegen mich ausgespielt, mich schlechtgemacht, dass ich gehen musste.
● Ja, ich habe für ihn und die Kinder auf so viel verzichtet, so viel aufgegeben und kein bisschen Dank erhalten.	● Ja, sie will nur mein Geld, aber sie will mich nicht in meinem schwierigen Job unterstützen.
Weitere persönliche Punkte: ● ● ●	Weitere persönliche Punkte: ● ● ●

Was nach einer Trennung bleibt, sind Frustrationen, offene Rechnungen. Darum richtet sich dieser Text als Erstes auf die unguten Gefühle, den himmelschreienden Frust, die gegenseitigen Beschuldigungen, damit die tiefe Verletzung, die eine Trennung mit sich bringt, ein Gesicht erhält.

Sich verlieben, sich lieben, Intimität, Kinder zeugen, sich hingeben und vertrauen, sich auf den Partner, die Partnerin einlassen, das ist tief menschlich, das Leben pur, schonungslos gefühlvoll. Das ist die Essenz, die eine Frau und einen Mann zum Paar macht. Es ist unlogisch, gefühlvoll, hormon- und fortpflanzungsgesteuert.

Trennung bedeutet, aus dem Vertrauen, aus der Intimität und aus der gegenseitigen Loyalität herauszufallen. Zurück bleibt bei den meisten eine innerste Verletzung, ein Betrug am eigenen Leben, ein Gefühl, im Stich gelassen worden zu sein. Auch wenn ein Mensch von sich sagen kann, er sei Realist und könne klar denken.

Kaum ein auseinandergebrochenes Paar schafft es, diese individuellen Wunden gegenseitig zu entschuldigen und auszugleichen. Es bleibt ein Ex-Paar, zwei Menschen, die sich einmal sehr nahe standen und aus der engen Vertrautheit flüchteten oder verstoßen wurden. Auch eine gute Trennungsmediation vermag kaum einmal die offenen tiefen persönlichen Rechnungen auszugleichen, die tiefsitzenden Narben zu heilen. Ein Gefühl von Betrug bleibt meistens nagend im Innern. Man kann sich kaum bis aufs Letzte friedlich und vernünftig trennen. Die Klagen und Gefühle an den Mann oder die Frau zu bringen, die oder den es angeht, ist nicht mehr möglich. Die Intimität, die Vertrautheit ist weg, man bleibt allein zurück, bleibt im eigenen Sumpf hocken. Das «Arschloch», die «Schlampe» steht nicht mehr zur Verfügung, man kann ihr oder ihm die Vorwürfe nicht mehr an den Kopf werfen, die Schuld geben, sich verständlich machen und Verständnis bekommen. Die Loyalität ist gebrochen, die Verbindung des Liebespaares ist gekappt. Das muss man einfach mal schlucken, akzeptieren. Damit bleibt man ganz allein zurück.

Um sich bei einer Trennung auf die Kinder und die Elternrolle konzentrieren zu können, muss der Frust, das Gefühl von Betrug irgendwie behandelt oder deponiert werden. Was machen damit? Wohin damit?

Als Erstes ist wichtig, zu akzeptieren, dass zum Ex-Partner, zur Ex-Partnerin ein schlechtes Gefühl bestehen bleibt. Das geht fast allen so, die in eine Trennung geraten. Es gilt zu akzeptieren, dass einem das Leben halt so mitspielen kann. Ich denke, dass mehr als neunzig Prozent der Ex-Paare mit diesem Zerwürfnis weiterleben. Ich versuche in diesem Text, nicht zu idealisieren, sondern einen pragmatischen Weg zu beschreiben. Das Zerwürfnis muss für die Kinder nicht unbedingt etwas Schlimmes sein. Es kann latent im Hintergrund bleiben, ist nicht immer offensichtlich. Kinder sind schlau, sie können damit umgehen. Entscheidend ist, dass die Eltern nicht in diesem Zerwürfnis hängen bleiben, dass für sie nicht alles negativ ist, weil noch eine Wunde schmerzt (oder später eine Narbe). Für eine kinderorientierte Trennung ist von großer Bedeutung, dass diese beiden Ebenen, die Beziehungsebene des Ex-Paares und diejenige der Elternschaft, möglichst unterschieden und getrennt werden.

Die Liste am Anfang des Textes will – wie erwähnt – den schlechten Gefühlen und Verletzungen ein Gesicht geben. Die Liste kann dazu beitragen, die negativen Gefühle zu verarbeiten. Der Frust, die Anschuldigungen müssen einmal benannt sein, ausgesprochen, vielleicht auch hinausgeschrien. Im Innersten sitzt es, gefühlsmäßig, diffus. Die Liste kann ein erster Schritt sein. Die Schuld des anderen auflisten. So kann man es einmal deponieren, nicht entsorgen, es rumort ja im Innern. Und vielleicht ergibt sich die Gelegenheit, später einmal die Schulden auszugleichen. Am Anfang einer Trennung ist dies kaum möglich – vielleicht nach einem Jahr, vielleicht nach zwei. Vielleicht ebbt es ab, das Leben verändert sich, und es ist dann nur noch eine Narbe oder eine Beschreibung, wie es dazu kam.

Es kann gut sein, dass man in dieser Situation mit einer guten Kollegin, einem guten Kollegen, einem Bruder oder einer Schwester sprechen kann. Da kann man klagen, anklagen, verwünschen, dem ganzen Leid des Frustes und der Beleidigung Ausdruck geben. Man darf sich selbst leidtun. Lästern – das tut gut. Vielleicht steht der Gesprächspartner auch in einer Trennung. Am besten vereinbart man, dass jetzt einmal nur geklagt und gelästert wird. Es soll jemand sein, der nur zuhört, tröstet, «hinhält» für das Klagen – mit der Abmachung, dass keine Lösungen gesucht werden. Der Frust soll ausgesprochen und be-

nannt sein. Die Rechnung auflisten, damit sie allenfalls einmal gestellt werden kann. Es darf eine parteiische einseitige Solidarität entstehen.
Die eigenen Eltern sollte man dazu nicht einspannen. Eltern machen sich immer Sorgen und beginnen, ihre Kinder zu umsorgen, gehen rasch in die Verantwortung. Eltern geraten auch rasch ins Vorwürfe-Machen, denn sie haben ja schon immer geahnt, dass die Verbindung nicht ideal war. Sie neigen auch dazu, sich selbst Vorwürfe zu machen, zu hinterfragen, wie sie selbst erzogen haben, was sie mit ihren Kindern, die jetzt Eltern sind, falsch gemacht haben. Und sie nehmen rasch für ihre Enkelkinder Partei.
Es kann auch eine psychologische Beratung sein, bei der man einfach sagen kann, was einem auf dem Herzen liegt und schmerzt.

In der Liste habe ich die «Anklage» der Frau und diejenige des Mannes nebeneinander gesetzt, um deutlich zu machen, dass es beiden Seiten sehr ähnlich geht. Beide haben offene Rechnungen. Der Unterschied: Die einzelnen Vorwürfe lauten anders. Die Liebe war tief und nah, egal ob sie kurz oder lange dauerte. Liebe, die zerbricht, hat im Hintergrund meistens zwei wenig kompatible Persönlichkeiten. Deshalb sind sie in Differenzen und Missverständnisse geraten. Ein Ausgleich kann nicht mehr gefunden werden, so lauten auch die «Anklagen» unterschiedlich.
Trotz aller Hilfe muss man sich bewusst sein, dass man mit einem Rest an unguten Gefühlen allein bleibt. Es gibt vermutlich keine größere Einsamkeit als die Zeit, nachdem man aus der Intimität und Vertrautheit einer Partnerschaft mit Kindern gefallen ist.
Wichtig: Die Kinder können in diesem Punkt den Eltern nicht helfen. Kinder sind und waren nie Teil der Partnerschaft, sie sind Teil der Elternschaft. Da müssen sie draußen bleiben. Warum, erläutere ich später.

Der zweite wichtige Gedankengang: Es war doch gut, dass... – Vergangenes nicht bereuen

(Dieser Abschnitt gilt nicht, wenn eine Mutterschaft durch Vergewaltigung entstanden ist.)

Wenn ich Sie hätte fragen können – im Moment, als Sie sich hingaben, als es so erotisch war, als das Leben Sie trieb und es zum Liebesakt kam, als Sie sich treiben lassen ließen, Mutter oder Vater zu werden, oder vor dem Altar oder im Standesamt –, was hätten Sie da geantwortet auf die Fragen: Wie wird das Leben mit ihr oder ihm, wenn es nicht so gut läuft? Wie verhält sie oder er sich, wenn es zu Spannungen kommt? Was für Wesenszüge könnten sich entwickeln, sich später zeigen? Wie wird sie als Mutter sein, er sich als Vater gebaren? Und wenn es zu einer Trennung kommt, wie wird sie oder er sich verhalten? Welche Gefahren könnten da im Hintergrund schlummern? Was hätten Sie mir geantwortet? Vage hätten Sie vermutlich das beschreiben können, was Sie später in der Krise mit ihr oder ihm erlebt haben oder noch erleben: nicht reden und sich in eine andere Beziehung flüchten, bei der Schwiegermutter hängenbleiben und nie richtig für die gemeinsame Familie da sein. Sich in Suchtverhalten flüchten. Die Kinder auf die eigene Seite ziehen. Alle Schuld den anderen zuschieben. Sofort einen Anwalt nehmen, den besten. Abhauen und sich um nichts mehr kümmern. Wahrscheinlich hätten sie es ungefähr beschreiben können.

Haben Sie Schuld auf sich geladen, weil Sie es ja eigentlich gewusst hätten? – Nein. Liebe macht blind. Und das ist gut so. Würden das tiefe menschliche Bedürfnis, die Triebe, die Hormone all die möglichen Gefahren nicht ausblenden, gäbe es die Menschheit nicht mehr. Liebe muss blind machen, nur Hoffnung erblühen lassen, den Honigmond, sonst würde man nicht wagen, sich zu paaren, Eltern zu werden und eine Familie zu gründen. Schauen Sie sich Ihre Kinder an, das sind tolle Kinder, das sind wunderbare Kinder. Diese Kinder muss es geben. Der Weg zu den Kindern war vielleicht hoffnungsvoll und harmonisch, vielleicht schwierig und leidvoll. Aber die Kinder sind jetzt da, das ist etwas sehr Schönes, das ist Mensch-Sein, zutiefst. Es gibt dies-

Diese Kinder muss es geben

bezüglich keine Schuld, niemand hat das Recht, hier eine Schuld auszusprechen.
Sie waren aktiv, Sie ließen es zu, mit diesem Mann oder dieser Frau Eltern zu werden. Es ist Ihnen nicht einfach passiert. Auch wenn Liebe blind macht, die Hormone das Blaue vom Himmel herunterholen, Sie waren dabei und haben es sich eingehandelt. Sie haben nicht Nein gesagt, abgebrochen, sind nicht aus der Geschichte ausgestiegen. Sie haben sich diesen Partner oder diese Partnerin eingehandelt, mit den guten und den schwierigen Seiten.
Dieses Bewusstsein kann helfen, die Trennung und wie sie geschieht, als vielleicht nun unausweichlichen Weg anzunehmen und anzugehen. Es kann helfen, sich der Trennung zu stellen, und den Kindern zuliebe sinnvoll mit dem gescheiterten Paar umzugehen. Unter diesen Voraussetzungen lässt sich auch für die Zukunft eine gute Elternschaft gestalten.

Liebe macht blind. Um das Gefühl herum, Eltern zu werden, schleicht sich bei den meisten eine mythische Vorstellung ein, wie dann diese Geliebte als Mutter sein wird, dieser Geliebte als Vater. Die Liebe macht aus dem wildesten Typ, aus dem abenteuerlichsten Mannsbild oder dem smartesten Gigolo einen verantwortungsvollen, treuen, beschützenden und liebevollen Vater und Partner. Macht aus der reizendsten Ballerina, der verführerischsten Amazone, der charmantesten jungen Frau eine liebenswürdige, verständnisvolle, herzensgute und liebevolle Mutter und Partnerin. Das ist gut so, das sind die Täuschungen, die in das Abenteuer *Kinder und Familie* verführen. Ist es dann nicht so, werden daraus Enttäuschungen, tiefste Enttäuschungen. Ein Gedankengang kann helfen: Die Enttäuschungen zu *end*täuschen.

Der dritte wichtige Gedankengang: Akzeptieren, dass man wieder eine Art Single ist

Bei der Trennung eines Paares mit Kindern verändert sich das Leben des einzelnen Elternteils oft sehr stark. Die gemeinsame Identifikation mit der Familie, dem Familienleben und dem Familienalltag löst sich auf. Meistens werden die Eltern in der ersten Zeit nach der Trennung zur alleinlebenden erwachsenen Person, zumindest zeitweise. Aus Meier-Müller wird wieder Meier und Müller. Das Familienleben wird zeitlich immer wieder unterbrochen, der Familienalltag findet an gewissen Wochentagen statt. Häufig ist niemand mehr zu Hause, wenn man von der Arbeit heimkommt. Die Gewohnheit, Freude und Unmut aus dem Alltagsleben draußen mit dem andern zu teilen, zu besprechen, entfällt. Kein Erwachsener mehr für ein «guten Morgen» oder «gute Nacht» ist in der Wohnung. Zeitweise für sich allein kochen und allein speisen. Man verknüpft sich vermehrt mit Außenstehenden. Oft ergibt sich eine Art Doppelleben: eines mit den Kindern, eines als eine Art Single, in der Steuererklärung «Alleinstehende mit Erziehungsfunktion» genannt.

Die Elternteile stehen vor der Aufgabe, wieder ein eigenes, ein zweites Leben aufzubauen. Auch hier manifestiert sich das Gefühl des Alleinseins. Für viele Überlegungen ist im Alltag kein Gesprächspartner mehr vorhanden. Meistens ist dies für den einen Elternteil wenig freiwillig, er muss sich hineinschicken. Ein Elternteil fühlt sich verlassen, der andere ist vielleicht erleichtert. Die Gefahr ist groß, dass der «verlassene» Elternteil am früheren Partner, der früheren Partnerin «hängen» bleibt, sich an ihm misst

und das Gefühl hat, das neue Leben sei ihm aufgezwungen worden.
Es ist notwendig, dass man sich diesen Lebenswechsel eingesteht. Den Kindern tut es gut, zu spüren, dass sich ihre Eltern wieder auf den Weg machen (dazu später mehr). Diese Veränderung anzunehmen ist sehr schwierig. Folgender Gedanke hilft vielleicht, die Situation besser zu ertragen: Wer sich liiert, geht auch das Risiko ein, sich wieder zu trennen und «einsam» zu werden. Dieses Risiko einzugehen hat sich aber gelohnt. Es gibt nun die Kinder, das ist sehr, sehr wertvoll. Auch wenn es unfreiwillig geschieht, die Eigenständigkeit muss wieder gelebt, organisiert werden. «Neue» familiäre Leute sind gefragt: wieder mehr Zeit mit den eigenen Eltern, Geschwistern oder familiären Freundinnen und Freunden verbringen, wieder an einem Abend einen Kurs besuchen, in einer Sportgruppe mitmachen oder in einem Chor. Hauptsache, man verknüpft sich wieder mit anderen Leuten.

Gefühle und Gedanken ordnen und festhalten

Wenn die drei beschriebenen Gedankengänge «Voraussetzungen» überlegt und bedacht sind, die Tragik des eigenen Schicksals einigermaßen akzeptiert werden kann, sind die ersten Schritte hin zu einer kinderorientierten Trennung gemacht. Vielleicht tut es Ihnen gut, Ihre Gedanken schriftlich festzuhalten, wie in einer Buchhaltung, mit einem Kapitel für Gedanken zum Ex-Paar und einem Kapitel für Gedanken zur Elternschaft. Auf den Ex-Paar-Seiten werden die Verletzungen und «Schulden» des Ex-Partners oder der Ex-Partnerin notiert und vielleicht auch, ob sie einmal angemahnt werden sollen oder schon abgeschrieben sind. Auf den Elternpaar-Seiten stehen Kummer und Sorgen um die Kinder und ob die Probleme angesprochen werden dürfen, sollten oder müssten.
Um sich in guter Weise auf die Anliegen und Belange der Kinder konzentrieren zu können, ist es wichtig, sich bei anstehenden Aufgaben und aufkommenden Gefühlen immer wieder zu fragen, ob das Thema auf die Seite des Ex-Paares gehört oder auf die Seite der Elternschaft. Was schmerzt, regt auf, belastet einen als Elternteil oder als Ex-Partner: Fragen und Sorgen als Mutter oder Vater,

Anliegen als Mutter oder Vater, Aufgaben des gemeinsamen Elternseins. Oder erregt etwas Neid, Missgunst, Rachegefühle, Déjà-vus? Schreibt man das alles auf, kann es jederzeit wieder angeschaut und bewertet werden, und es ist auch schon mal deponiert.

Die Trennung trennt ein Paar, aber nicht die Familie

Was genau geschieht bei einer Trennung?

1. Aus dem Paar wird ein Ex-Paar, zwei einzelne Personen, die nicht mehr zusammenwohnen und in Zukunft unabhängig voneinander leben wollen.
2. Die Trennung dividiert auch das Elternpaar in zwei Elternteile. Klar ist aber: Ob getrennt oder geschieden, Eltern bleibt man. Als Eltern kann man sich nicht trennen, man kann nur räumlich

Die Familie der Mutter

Die Familie des Vaters

und zeitlich Distanz schaffen und die Interaktion und Kommunikation ausdünnen. Man bleibt Eltern im verwandtschaftlichen, im beziehungsgewachsenen, im unterstützungspflichtigen und im erziehungsverantwortlichen Sinn. Eltern bleiben in der Funktion einer Elternschaft, bis die Kinder erwachsen sind.

3. Der dritte Punkt ist etwas komplizierter. Lebt eine Familie nicht mehr zusammen und hat sich das Paar getrennt, so lebt die Mutter zeitweise mit ihren Kindern zusammen, ebenso der Vater. Und die Kinder leben zeitweise mit ihrer Mutter, zeitweise mit dem Vater zusammen, also leben sie abwechselnd hier und dort. Ihre Familie lebt da und dort, ihre Familie lebt in zwei Wohnungen. So gibt es eigentlich drei verschiedene Familien: die der Mutter, die des Vaters und die der Kinder. So spielt es sich räumlich wie auch im Empfinden ab.

Mutter, Vater und Kinder empfinden jeweils etwas anderes als Familie. Vater oder Mutter sind nicht mehr familiär mit dem Ex-Partner oder der Ex-Partnerin, jedenfalls meistens. Sie empfinden sich selbst und ihre Kinder als Familie, häufig werden die eigenen Eltern oder Geschwister wieder etwas familiärer empfunden. Vielleicht kommt später wieder ein neuer Partner oder eine neue Partnerin dazu, vielleicht auch mit Kindern. Das sind zwei unterschiedliche Familien. Die Kinder empfinden sich mit ihren Eltern

Die Familie der Kinder

weiterhin als Familie, sie leben nun einfach an zwei verschiedenen Orten.

Der Schmerz ist für Eltern und Kinder nicht der gleiche

Die meisten Eltern empfinden die Trennung auch als Verlust der Familie. Das Gefühl, dass zu einer richtigen Familie Mutter, Vater und Kinder gehören, sitzt tief. Das Auseinandergehen wird von den meisten Eltern als großer Verlust empfunden, als Ende der Familie. Sie fühlen sich oft nicht mehr in einer Familie, auch wenn die Kinder bei ihnen sind. Oder sie empfinden ihre Familie als kaputt. Sie empfinden sich als Familienmensch als gescheitert, denn der Mythos Familie heißt Mutter, Vater und Kinder zusammen. Das können sie nun nicht mehr leben. Das Urgefühl eines Lebenssinns, der in der Fortpflanzung besteht, spielt da stark mit. Viele kennen auch das Lebensgefühl, dass Kinder in einer Familie aufwachsen müssen, eine Art unausgesprochenes Versprechen an die Kinder. Eine Trennung ist deshalb auch verbunden mit Angst um die Familie, die Familie der Kinder. Häufig sind gemeinsame Weihnachten, Geburtstage und Ferien mit der ganzen Familie nicht mehr möglich. Das Gefühl von Familie erleben zu können, ist vorbei, weggenommen. Die Elternteile haben ihre Familie verloren.
Für die Kinder sieht es anders aus. Sie verlieren keine Familie, ihre Familie verändert sich nur. Für die Kinder ändert sich das gemeinschaftliche, zeitliche und räumliche Zusammensein. Ihre Familie lebt jetzt in zwei Wohnungen, mal sind sie bei Mutter, mal beim Vater. Sie können das Gefühl der verlorenen Familie mit den Eltern nicht teilen, oder nicht im gleichen Sinn. Je jünger die Kinder sind, umso weniger können sie den Wandel einer Familie bei einer Trennung als Verlust der Familie erkennen. Ältere Kinder, eher Jugendliche, denen die Familie einfach eine Selbstverständlichkeit geworden ist, können eher einen großen Verlust erleiden. Aber viele Jugendliche haben – pragmatisch betrachtet – ihre Familie vor der Trennung über die Dauer als mühsam erlebt, und eine Trennung ist für sie nun ein möglicher Ausweg. Manchmal ist es auch so, dass die Trennung der Eltern für sie eher ein Gewinn als ein Verlust ist. Sie müssen keine spannungsgeladenen Szenen der Eltern mehr aushalten, sich in ihrem Verhalten nicht mehr für Mut-

ter oder Vater entscheiden, können nun die Zeiten bei Mutter oder Vater voll genießen, kommen Mutter und Vater sogar näher. Ihre Welt wird vielleicht vielseitiger. Mit Mutter macht man, was sie gern macht, mit Vater Vaters Vorlieben. Ebenso ist es mit dem Essen. Sind Familienfeste gemeinsam nicht mehr möglich, gibt es eben zwei Geburtstagsfeiern, zweimal Weihnachten, zweimal eine Ferienreise. Oft ist auch der Kontakt zu den Großeltern wieder einfacher, die Spannungen um die Schwiegereltern schwingen nicht mehr mit.
Der Verlust der Kinder kann sein, dass sie die gemeinsamen Familiensequenzen verlieren, dass sie weniger Zeit bei Mama oder Papa verbringen, dass sie ihre Spielsachen nicht immer bei sich haben. Mühsam für die Kinder kann sein, dass sie nun oft eine Tasche packen, mehr reisen müssen, ihre Kolleginnen nicht mehr immer treffen können oder oft weniger Geld für Ausflüge und Kleider vorhanden ist. Aber sie haben keine Familie verloren, ihr Leben ist nur sehr viel anders geworden.
Die Eltern erleben einen großen Verlust, die Kinder einen großen Wechsel, einen Umschwung. Für manche ist es ein Abenteuer.

Recht machen oder Recht bekommen

Recht haben, Recht bekommen oder recht machen? Auf der Ex-Paar-Ebene bleibt häufig der Wunsch, Recht zu bekommen. Der Wunsch, vom Ex-Partner, von der Ex-Partnerin verstanden zu sein, Genugtuung zu bekommen, ihr oder ihm gegenüber im Recht stehen zu können. Auch wenn die schmerzlichen Schritte der ersten drei Kapitel gemacht werden konnten, blüht der Wunsch, Recht zu bekommen, im formellen, sachlichen Trennungsprozess immer wieder auf. Zum Beispiel, wenn es darum geht, Finanzielles rechtlich zu regeln oder den Kontakt mit den Kindern.
Es gibt zwei Ebenen der finanziellen Auseinandersetzung: Erstens die Abgeltung für den Erziehungsaufwand, zweitens bei verheirateten Paaren und solchen mit einer eingetragenen Partnerschaft (mit zusätzlichen Vereinbarungen) die Aufteilung von gemeinsam erwirtschaftetem Vermögen und Eigentum.
Wer nicht selbst oder mithilfe einer Familienberatung, eines gemeinsamen Anwalts, einer Mediation oder einer familienrichterli-

chen Instanz[1] eine Trennungs- oder Scheidungsvereinbarung ausarbeiten kann, sucht in der Regel die Hilfe von Anwälten. Frau mit Anwalt gegen Mann mit Anwalt. Die Prozesse vor Gericht dauern oft über eine lange Zeit, enden nicht selten in einem Rosenkrieg. Die Gefahr ist groß, wenn man Anwälte beizieht, dass es sehr harzig wird. Anwälte vertreten das Prinzip von Recht-Bekommen, wollen ja auch Geld verdienen. Wenn sie gut sein wollen, müssen sie den Prozess gewinnen, versuchen, Recht zu erzwingen. Bei verheirateten Paaren scheint die Bedeutung der Paarverbindung eher größer als bei unverheirateten, entsprechend tiefer bleiben die Wunden.
Die vielen Geschichten von Scheidungsprozessen zeigen aber, dass emotional kaum einmal jemand wirklich Recht bekommt, dass oft mehr Kränkungen und Enttäuschungen zurückbleiben als erworbene Rechte. Frust und Verbitterung zeigen sich noch über lange Zeit. Ein Scheidungsprozess mit Anwälten kostet schnell einmal zehntausend Franken. Die zusätzlichen Spannungen und Frustrationen verleiten oft zu Kompensationshandlungen, beispielsweise zum Kauf eines teuren Autos oder zu einer teuren Reise mit den Kindern als Versuch, Schuldgefühle abzubauen. Psychische Schwierigkeiten und Burn-outs, die eine Karriere knicken, sind nicht selten. Die Eingaben vor Gericht richten sich nach dem Prinzip, mehr zu fordern. als wirklich zu erwarten ist. Für die Anwälte ist dies Alltag, für die Ex-Partner aber ein ernster Kampf, der mehr und mehr verletzt. Dabei geht immer wieder vergessen, dass auch Gerichte innerhalb von gewissen Normen urteilen, sich an Regeln und Tabellen halten. Am Schluss sind die Kosten für Anwalt, Kompensationen und krankheitsbedingte Konsequenzen meistens höher als der monetäre Vorteil aus dem Scheidungsprozess.
Zeitlich laufen diese Prozesse parallel zu den Lernprozessen, getrennt als Eltern mit den Kindern zu leben. So geraten die Kinder, die ja auch noch da sind, ins Abseits, nicht als Rechtsobjekte, sondern als Familienmitglieder. Ihre Interessen verliert man aus den Augen, sie werden zu Rechtsgütern, auch zu Streitobjekten. Man

1 Kinder- und Erwachsenenschutzbehörde (Kesb) bei nicht verheirateten Eltern (Schweiz), Familiengerichtliches Verfahren und Verfahren der freiwilligen Gerichtsbarkeit (Deutschland), Familienrechtshilfe (Österreich), Amt für freiwillige Gerichtsbarkeit – Ehetrennungen und Ehescheidungen (Trentin-Südtirol, Italien)

könnte jetzt schreiben, die Kinder haben ja auch Rechte, sie sind die dritte Partei im Prozess. Aber Kinder haben auch Wünsche, Bedürfnisse, und ihre Eltern haben die Verpflichtung, es auch in ihrem Sinn recht zu machen.
Haben die getrennten Eltern mühsam Schritte zu einer besseren Elternebene erarbeitet, lauert im Hintergrund immer wieder der Trennungs- und dann Scheidungsprozess. Es schwelt dauernd etwas im Hintergrund, mit jedem näher kommenden gerichtlichen Verfahrenstermin kann es wieder aufflammen. Kinder möchten sicher nicht, dass ihre Eltern so streiten, möchten nicht in diesem so heiklen Spannungsfeld leben.
Eigentlich kann man nur versuchen, es recht (klein geschrieben, als Adjektiv) zu machen. Es recht machen in dem Sinn, dass alle Mitglieder der auseinanderdriftenden Familie einen vernünftigen Umgang miteinander entwickeln können, soweit frei sind, dass sie sich ordentlich begegnen können. So recht machen, dass die Kinder bei Mutter und bei Vater, zwischen Mutter und Vater nicht im Klima des schwelenden Konfliktes leben müssen.
Nur wenige schaffen es, diesem Rechtsstreit die adäquate Bedeutungsgröße zu geben. Der Fokus auf die Gesundheit und die Integrität der Mitglieder der auseinandergegangenen Familie müsste etwa achtzig Prozent betragen. Der Fokus auf das Recht (groß geschrieben) nur zwanzig Prozent. Man sollte auch an die Zukunft denken, dass man später einmal sagen möchte, es seien alle gut durch die familiäre Trennungsgeschichte gekommen. Das gibt dann sicher einmal das Gefühl, es gut und richtig gemacht zu haben. Eine gute Trennungsgeschichte kann später einmal allen, den Eltern und den Kindern, Recht geben.

Es recht richten – das können Schiedsrichter. Bei einigermaßen toleranten Paaren wirken die Kesb, bei verheirateten eine Meditation sehr häufig als guter Ort, wo in einer aktuell üblichen Bandbreite beurteilt und «geschiedsrichtert» wird. Die Bandbreite dürfte sich bei plus/minus fünf Prozent bewegen. Für ein gutes Klima ist es dies wert.
Und bei gegenseitig kritischeren Ex-Paaren, bei denen die Spannungen keine Mediation ermöglichen? Wo bei jeder Begegnung Wunden aufgehen, jeder Franken emotional zu einem Hunderter

wird? Wo nur gestritten werden kann? Und wo die finanziellen Gegebenheiten schwierig zu beurteilen sind, beispielsweise bei Selbstständigerwerbenden, oder wo gemeinsam erworbenes Vermögen oder Eigentum zu verteilen ist?

Ich sehe da folgende Möglichkeit: Beide Eltern nehmen sich einen Anwalt. Beide Eltern erteilen ihrem Anwalt den gleichen Auftrag:
«Handeln Sie mit dem Gegenanwalt eine Vereinbarung nach hiesigem Usus aus. Dabei sollen alle Fakten bewertet und beurteilt werden. Die Vereinbarung soll so aussehen, dass unsere Kinder, wenn sie einmal über dreißig Jahre alt sind und Einblick in die Faktenprüfung und -beurteilung nehmen, den Eindruck bekommen, dass es für alle Beteiligten einigermaßen fair war. Wir verlassen uns auf Sie, akzeptieren den Vorschlag. Der Aufwand und die Kosten werden im Voraus abgeschätzt, offeriert und fixiert.» Man nimmt sich gute Anwälte, das darf was kosten. Kompetenz und Vertrauen sollen honoriert sein.
So können sich beide Eltern darauf verlassen, dass die Causa, wie die Juristen sagen, plus/minus fünf Prozent gerecht ist. Auf diese Weise muss man sich nicht unbedingt begegnen, nicht zusammensitzen, so kann man ein Schiedsgericht für sich arbeiten lassen und «gesund» bleiben. So lässt sich ein Konfliktherd auf der Ex-Paar-Ebene auf die kleinste Flamme stellen, und man bleibt recht frei, sich gut auf der Elternebene zu bewegen. Sehr hilfreich für die Entflechtung der Ex-Paar- und Eltern-Ebene war 2015 die Einführung der neuen Rechtspflege, dass im Regelfall die elterliche Sorge bei beiden Eltern bleibt. Ein Streit um das Sorgerecht ist fast nicht mehr möglich, es geht nur noch um die Obhut, die Frage, wo die Kinder hauptsächlich zu Hause sind.

Ich sehe noch weitere Aspekte, die helfen, die Belange der Kinder von der Ex-Paar-Ebene zu trennen. Um diese zu erläutern, möchte ich zuvor skizzieren, wie Kinder sind, wie «es» mit ihnen fühlt und denkt.

Wie «es» mit Kindern denkt und fühlt

Kinder leben im Hier und Jetzt

Wichtig: Eltern haben auch nach der Trennung ganz normale Kinder. Diese sind jetzt einfach in einem anderen Abenteuer. Die Eltern dürfen sich vor Augen halten, dass für die Kinder das Leben nicht schlechter wurde. In der Regel war die Zeit vor der Trennung ja eher schwierig, belastend für alle, also bringt der Wechsel auch Chancen.

In diesem Kapitel kommen vor allem Aspekte zur Sprache, die wichtig sind, um Kinder in einem Trennungsprozess einzuschätzen. Mit «Kindern» meine ich im Großen und Ganzen Kinder zwischen etwa zwei und zehn Jahren, wenn sie keine Bébés mehr sind und noch nicht kurz vor der Pubertät stehen, das Alter, wo man sie als Kinder erlebt. Spezifische Aspekte von Bébés und Jugendlichen werden separat beleuchtet.

Kinder leben, je jünger sie sind, im Alltag, im Hier und Jetzt. Sie tauchen schnell ein in das, was sie gerade tun, und schweifen dabei meist rasch in ihre eigenen Welten und Fantasien ab. Sie können essen und sich dabei auch sofort in ein Essmonster verwandeln. Man kann sie frisieren und frisiert schon bald die Prinzessin. Man kann sie auf die Rutschbahn setzen, hinunter rutschen sie als Batman. Treten Kinder in ein Zimmer, ist das Draußen schon rasch vergessen. Weinen sie, wissen sie oft bald nicht mehr, warum, sie sind einfach noch traurig. Und hopp, ein Spielzeug in der Hand, und sie sind schon wieder in ihrer eigenen Welt.

Kinder haben noch keine Übersicht über das Leben. Zusammenhänge können sie wenig logisch benennen. Im Unterschied dazu können Erwachsene schon über mindestens zwei Jahrzehnte hinwegschauen, sind in der Lage, aufgrund ihrer Erfahrung die Zukunft bis zu einem gewissen Grad zu antizipieren. Erwachsene können eine Wanderung planen, Karten lesen, daraus abschätzen, wo es steil ist, wo man rasten kann. Sie können ersehen, wie lang man marschieren muss, wie viele Rasthalte es braucht, wo ein öffentliches Verkehrsmittel benutzt werden kann, und die dazu nötigen Fahrpläne lesen, den Proviant einschätzen und einpacken. Erwachsene können während der Wanderung, im realen Gelände, den richtigen Weg bestimmen: links oder rechts von einem Bach, ob man einen kleinen schattigen Umweg nehmen soll, ob man besser noch eine Viertelstunde hinauf über die nächste kurze Steigung marschieren soll, bis man rastet. Sie sind in der Lage, einschätzen zu können, ob es zu steil wird, zu sumpfig, zu steinig. Sie können Gefahren erkennen, und sie wissen, wie man sie umgeht. Sie können den Proviant einteilen. Kinder würden neben einem Abgrund hopsen, nicht ahnen können, dass die nächsten zwei Kilometer sehr sonnenbeschienen sind, vor der Steigung rasten, weil es einen Spielpatz hat, vom Proviant zuerst das Süße genießen, tändeln und Käfer suchen, auch wenn es knapp wird wegen des Postautos.

Kinder leben, je jünger sie sind, im Sichtkreis der nächsten fünfzig, dann hundert Meter. Kinder leben auf ihrem Weg in einer gewissen Weise wie in einem Nebel. Auf dem Weg zum Kindergarten oder zur Schule können sie in ihre Fantasien abgleiten und gleichzeitig auf dem Weg dorthin bleiben.

Es ist für Eltern schwierig, ihre Pläne mit den Kindern zu besprechen. Auch wenn diese Ja sagen, und sie hätten es begriffen, unterscheidet sich der Plan in ihrem Kopf dann doch sehr von demjenigen der Eltern. Lassen Sie ein Kind einmal einen halben Tag mit Zeitablauf und einem Weg zu einem Ort beschreiben und aufzeichnen. Kinder können nicht besser denken, als sie ihre Zeichnungen aktuell malen.

Vorwiegend im Hier und Jetzt zu leben, bedeutet auch, dass Kinder sich in ihrem Verhalten immer ihrer aktuellen Umgebung anpassen können. Sie sind fähig, die Stimmungen, die Art und Weise des Umgangs mit Alltag, das Lebensgefühl einer Szenerie intuitiv zu erfassen und sich entsprechend einigermaßen angepasst zu verhalten. Außer der Hunger plagt sie. Als oft erlebtes Beispiel erwähne ich hier, dass Großeltern die Kinder oft ganz anders erleben als die Eltern. Viele Kinder sind zu Hause irgendwie anders als in der Schule, zu Besuch oder draußen. Selbst Eltern erleben sie oft recht unterschiedlich, wenn sie einzeln mit ihnen zusammen sind als im Pulk mit der Familie.
Die ganze Wahrheit, das ganze Potenzial der Kinder erlebt man selbst mit seinen Kindern im eigenen Zusammenleben nie. Man erlebt sie nur im eigenen Zusammensein. So können Kinder auch ängstliche und vorsichtige Seiten der Eltern bestätigen, indem sie das Ängstliche und Vorsichtige miterleben, auch richtig mitspüren. Andererseits sind sie echt mutig, wenn sie mit Kolleginnen und Kollegen zusammen spielen. Kinder sind häufig ein Teil der Atmosphäre, in der sie sich gerade bewegen. Wo andere Mut und Zuversicht vermitteln, erlebt man Kinder mutiger und zuversichtlicher. Wo Vorsicht und Zaghaftigkeit dominiert, erlebt man Kinder vorsichtiger und zaghafter.
Im Kontext einer Trennung zeigt sich dies vielfach, indem ein Elternteil seine Kinder in seiner eigenen Wohnung anders erlebt als der andere Elternteil in seiner Wohnung. Eltern müssen auch damit rechnen, dass die Kinder Mutter oder Vater unterschiedliche Rückmeldungen geben, wenn sie mit ihnen über die Trennung sprechen. Auch kann es sein, dass etwas kurz zuvor Erlebtes die Aussage des Kindes mehr prägt als ein längerfristiges Gefühl. Zum Beispiel eine neue Rutschbahn beim Papa oder

eine schlechte Note im Rechnen, die Papa ärgert und Mama nicht.

Die Intuition der Kinder

Kinder sind schlau. Ohne großen Plan und ohne Konzept haben sie die Fähigkeit, sich schlau in ihrer Umgebung zu bewegen. Sie finden immer wieder die richtigen Worte, auch die richtige Gestik, um etwas zu bekommen, für sich etwas zu erreichen. Die richtige Mimik, und der erboste Vater ist nicht mehr so erbost. Drei Worte in einer bestimmten Tonlage, und die Mutter überlegt sich noch einmal, ob es doch ein Eis gibt. Ein mürrisches Abwenden, und die Oma fragt, ob es nun traurig sei. Ein «ich habe Hunger», und der Fleck auf dem T-Shirt ist nicht mehr wichtig, die unangenehme Situation ist umschifft. Kinder können nicht erklären, was sie wann machen und sagen müssen, damit es für sie gut kommt. Das geschieht intuitiv, «herausgespürt» und x-mal erprobt. Da denkt man wirklich oft, dass sie es begreifen, im Griff haben, es checken. Kinder haben die wundersame Begabung, das gerade richtige Echo zu geben.
Woher kommt diese Begabung? Warum haben sie sie? Die Menschheit ist alt, 200 000 oder nur 40 000 Jahre? Spielt keine Rolle, aber schon seit langer Zeit leben Kinder neben ihren Nächsten und wachsen heran, lernen, werden schlauer, Tag für Tag. Kinder liefen über Jahrhunderte hinweg hauptsächlich neben den Familiennächsten her. Sehr häufig waren sie im Pulk von Erwachsenen, Geschwistern und anderen Kindern, in der Gemeinschaft, in der Familie im ursprünglichen Sinn, einer ökonomischen Gemeinschaft zum Überleben. Kinder, die überleben wollten, mussten lernen, zu erfassen, wie und wann sich etwas ergattern, erschmeicheln, erbitten, erhaschen oder ertrotzen ließ: Essen, ein warmes Plätzchen, Wohlbehagen in körperlicher Nähe, ein lieber Blick, trockene Kleidung, Anerkennung. Kinder haben die Fähigkeit, intuitiv Situationen, Stimmungen und Gelegenheiten zu erfassen und das Richtige zu tun, um für sich etwas zu erreichen. Kinder können kommunizieren, was voraussetzt, dass sie das Gegenüber lesen und

deuten können. Sie sind schon sehr früh fähig, mit Mimik, nebst Geschrei und Gebrabbel, die Erwachsenen für sich einzuspannen, und können vermutlich andersrum auch schon sehr früh die Gesichter und Blicke der Eltern lesen und intuitiv erfassen.

Noch nie in der gesamten Entwicklungsgeschichte der Menschheit waren Kinder so intensiv im Zentrum der Eltern wie heute, nie so stark in ihrem Beobachtungsfeld, in ihrer Aufmerksamkeit. Eltern sind für sie die wichtigsten Bezugspersonen, also können sie die Eltern intuitiv besonders gut lesen.
Verbunden mit dem kurzfristigen, eher situationsbezogenen Agieren und Reagieren der Kinder ergibt es sich häufig, dass Kinder wenig sachlich auf Fragen und Aussagen der Eltern eingehen. Vielmehr versuchen sie, die Eltern rasch zufriedenzustellen. Es ist angenehmer, wenn das Gesicht der Mutter zufrieden dreinschaut als fragend. Es ist angenehmer, wenn der Vater verständnisvoll guckt als skeptisch prüfend. So kommt bald ein Ja, auch wenn das Kind nicht versteht oder verstehen mag, was gerade gesagt wurde. Mama braucht ein «Ja», Papa braucht ein «Ja, ja» und etwas Nicken.

In Trennungssituationen haben beide Elternteile oft unabhängig voneinander den Eindruck, dass das Kind nahe ihrer eigenen Meinung stehe, es ihnen ihre Eindrücke bestätigte. Es ist durchaus möglich, dass beide Elternteile gleich neutral und freundlich fragen, aber unterschiedliche Meinungen vom Kind zu hören bekommen, eher die kindliche Wahrheit in ihrem Kontext als eine ausgewogene längerfristige Ansicht.

Kinder spüren, was sie lieben und gernhaben

Kinder können sehr unterschiedlich sein. Sie sind ihr eigenes Wesen, haben ihren eigenen Charakter. Die einen bewegen sich gern und wollen viel draußen spielen. Andere wollen dauernd in Kontakt sein mit Menschen und plappern viel. Manche vertiefen sich liebend gern ins Spiel mit Puppen oder Spielzeugautos. Kinder haben ihre eigenen Flausen, ihren eigenen Kummer, ihre eigenen Stimmungen. Manchmal ist ihr Benehmen für die Eltern begreiflich, manchmal kaum zu verstehen. Kinder sind Eltern oft ein Rätsel. Kinder zeigen für ihre eigenen Anliegen oft einen bemerkenswerten Eifer und Willen. Denn sie spüren, was sie lieben und gernhaben. Das ist das Kindliche.

Will man mit Kindern zusammen beurteilen, was gut, sinnvoll für sie ist, sind ihre Antworten vorwiegend von diesem Kindlichen geprägt. Sie vertreten die Anliegen ihres eigenen Wesens. Was für sie gut und sinnvoll ist, perspektivisch auf ihre Entwicklung abgestimmt, können sie aber nicht sagen. Redet man mit ihnen darüber, muss man damit rechnen, dass sie aus dem Gesicht des Fragenden intuitiv erfassen, was dieser gerne hören möchte.

Die Loyalität der Kinder gegenüber den Eltern

Die Loyalität ist ein Phänomen, eine tiefe Verbundenheit und Treue zu jemandem, der wichtig ist für das eigene Leben. Die Loyalität zum König, das war einmal. Auch die Loyalität zur Sippe kennen wir kaum mehr. Die Loyalität zu den Eltern ist aber auch heute noch intensiv. Kinder erleben ihre Eltern, wenn sie die ersten Jahre mit ihnen aufwachsen, als sehr nah, irgendwie lebenswichtig, sie spüren in sich eine große Treue zu ihnen. Und oft spüren Kinder auch zu einem Elternteil, den sie kaum kannten, mit dem sie nur wenig Zeit verbrachten, eine große Loyalität. Vermutlich spielt die Leiblichkeit, die Blutsverwandtschaft eine Rolle, weil ein Teil ihres Selbst von dieser Seite stammt, ein Teil ihres Wesens ist.

Zur Loyalität gehört auch Solidarität. Ist ein Elternteil in Gefahr, wollen sie helfen, für ihn nützlich sein, fühlen sich tief verpflichtet, ihm beizustehen.
Beide Eltern sind für ihr Leben wichtig. Kinder sind allermeistens mit beiden Eltern gleich solidarisch. Die meisten Kinder beantworten die Frage, wen sie lieber haben, Mama oder Papa, mit «beide gleich». Selbst Kinder, die schwierigste Erlebnisse mit

einem Elternteil erlebt haben, machen keinen Unterschied. Kinder spüren Kummer, Bedrohung, Verlorenheit, wenn der Verlust eines Elternteils droht. Kinder bleiben intuitiv mit beiden Eltern in Beziehung, auch wenn sie von einem Elternteil zeitweise unfair behandelt wurden. Es mit den Eltern zu verderben, wagen sie kaum, vermeiden es, die Solidarität zu brechen. Diese Neutralität der Kinder bleibt meistens bis in ihr eigenes Erwachsenenleben bestehen.

In ihrer Loyalität zu beiden Eltern können Kinder in Konflikte geraten, wenn sie sich gefühlsmäßig zu sehr für die eine oder andere Elternseite bekennen müssen. Loyalitätskonflikte sind für Kinder schwierig zu ertragen, weil sie in eine Situation geraten, in der sie einen Teil ihrer Lebenssicherheit verlieren, ihrer Herkunft, also auch einen Teil ihres Selbst unterdrücken oder gar verleugnen müssen. Loyalitätskonflikte nagen an ihrer Psyche.

Entsprechend fällt es Kindern sehr schwer, für eine Seite des Elternpaares Partei zu ergreifen. Eltern können Loyalitätskonflikte ihrer Kinder in eigenen Begegnungen mit ihnen kaum ausfindig machen. Weil sich, wie oben beschrieben, Kinder intuitiv der aktuellen Umgebung anpassen und eher das sagen und machen, was zum aktuellen Kontext passt. Gewisses komisches Verweigern, gewisses grüblerisches Verhalten, Wutausbrüche können auf einen Loyalitätskonflikt hinweisen. Ein Hinweis ist sicher auch, wenn Kinder sich weigern, kommunikativ zwischen die Eltern zu geraten und beispielsweise nicht mit dem Vater telefonieren, wenn die Mutter zuhören kann.

Kinder haben beide Seiten der Eltern

Kinder haben beide Seiten der Eltern in sich, genetisch. Vom Äußern her irgendwie sichtbar, vom Wesen her spürbar. Und Kinder, die mit beiden Eltern zusammengelebt haben, haben eine Beziehung mit ihnen aufgebaut, mit ihrer Intuition gelernt, sie an sich zu binden, mit ihnen umzugehen, sich unter Berücksichtigung des Charakters des jeweiligen Elternteils das zu holen, was sie benötigen. Kinder entwickeln und gewöhnen

Kinder widerspiegeln beide Seiten der Eltern

sich so an zwei Lebensgefühle, an das der Mutter und das des Vaters.

Eltern bringen oft recht unterschiedliche Grundgefühle mit, wie Familie sich anfühlt, wie ein Zusammensein mit Kindern sein kann: Zuneigung, Nähe, Liebe und Streit. Die Unterschiede zeigen sich oft erst im Zusammenleben mit den Kindern, und häufig sind sie ein Grund für das Zerwürfnis der Paar- und Elternbeziehung. Mutter und Vater halten es nach einer gewissen Zeit fast nicht mehr aus, wie der andere Elternteil mit den Kindern umgeht. Aber die Kinder verstehen beide, können beide Elternteile für sich einschätzen, bei beiden das bekommen, was sie brauchen, sich in beiden Arten wohlfühlen. In einer Elternschaft mit südeuropäischer Mutter und nordeuropäischem Vater erkennt die Mutter in der kühlen Art des Vaters kaum, dass dies Liebe zum Kind sein kann. Streitet andererseits die Mutter temperamentvoll mit dem Kind, sieht der nordische Vater schon fast Mord und Totschlag. Aber das Kind fühlt die Liebe, und wenn sie noch so kühl daherkommt. Und es fühlt auch keine so große Angst wie der Vater; es erkennt, wie das Gezeter gemeint ist.

Kinder sind charakterlich häufig mehr wie die Mutter oder mehr wie der Vater, ganz selten sind sie halb Mutter und halb Vater. Sie zeigen Gefühle mehr in der einen oder anderen Art. Ihre Gestik, ihr Gespür für Szenen und Situationen, ihr Flair für Sport, Basteln oder ihre Vorliebe für gewisse Spiele ist meistens näher bei Mutter oder Vater. In Trennungssituationen kann es daher vorkommen, dass sich ein Kind bei einem Elternteil allein sehr verloren vorkommt, weil es sich in der Atmosphäre des anderen stärker geborgen fühlt.

Kinder nehmen Muster und Lebensmodelle mit

Menschen sind immer auch von ihrem Lebensalltag geprägt. Wie man aus der Kindheit ländlich oder städtisch geprägt sein kann, ist man auch durch die Lebensart der Familie geprägt. In Familien entwickeln sich Muster. Wie man lieb ist miteinander, die abendliche Gutenachtgeschichte, das Zusammen-ein-Video-Anschauen auf dem Sofa, das Zusammen-Essen, das Aufteilen, wer mit wem einkaufen geht, wer mit wem nach draußen geht. Wie dies oder jenes besprochen, ausgehandelt, erstritten wird. Wie man sich ärgert oder nicht ärgert, wenn eine Tasse in Brüche geht. Ob ein Schnitt im Finger ein kleiner Unfall ist oder ein gefährliches Unglück. Wie man über die Oma spricht und ihr Besuch abläuft. Wie wer wem schmeichelt oder wie wer mit wem fightet. Das prägt Kinder. Über diese Kommunikations- oder Verhaltensmuster entstehen Lebensgefühle. Diese prägen einen Teil der Identität.
Für Kinder wird der Groove der eigenen Familie zum Grundgefühl, wie das Leben ist, eine eigene Wahrheit oder Norm, wie sich das Leben anfühlt. Aus der Kleinkinderzeit nehmen sie diese verschiedenen Muster als familiäre Organisationsvarianten mit, bilden Lebensgefühle, reifen mit ihnen heran und erleben sie als tauglich, weil sie mit ihnen groß geworden sind. Also müssen diese etwas Gutes sein. Kinder kennen nur die Familie, das Biotop, in dem sie leben. Das ist gut, so wie es ist. Ihre Familie ist ihre Realität und Normalität. Unterschiede können sie erst im Verlauf des Jugendalters richtig erkennen, die eigene mit anderen Familien vergleichen.

In Bezug auf eine Trennung sind dazu drei Aspekte zu erwähnen. Ein Trennungsgrund ist oft, dass sich ein Elternteil in der entstandenen Familienatmosphäre nicht mehr wohl fühlt, sie ihm fremd geworden ist und er das Gefühl hat, diese Atmosphäre sei für die Kinder zu etwas Unmöglichem geworden. Die Kinder haben aber die familiären Muster verinnerlicht, diese sind für sie zu funktionierenden Verhaltensweisen geworden und werden auch in einer neuen Wohnung teilweise weiterleben, weiterleben müssen. Verändert sich nach einer Trennung in einer Wohnung das Leben grundsätzlich, muss man damit rechnen, dass Kindern ihre gewohnte Atmosphäre fehlt und sie sie wieder zu inszenieren versuchen.

Kinder fühlen sich rasch als ursächlich (Schuldgefühle)

Kinder erleben sich noch stark als selbstwirkend. Insbesondere in Lebenssequenzen mit Kommunikation und Interaktion erleben sie sich stark als diejenigen, die alles verursachen. Ärgert sie eine erwachsene Person absichtlich, aus einer eigenen Intention, haben sie nicht das Gefühl, geärgert worden zu sein, sondern etwas falsch gemacht zu haben. Ihnen fehlt noch die Möglichkeit, einen großen Unterschied zwischen sich selbst und dem Rundherum zu machen, sie können noch nicht abstrahieren. Alles, was sie erleben, hat ganz viel mit ihnen selbst zu tun, sie fühlen sich selbst als großen Teil der Ursache dazu, fühlen sich ursächlich. Dies auch sehr stark im familiären Kontext.

So haben sie die Tendenz, sich für Dinge, die sich in der Familie abspielen, als dafür ursächlich zu spüren. Auch wenn offensichtlich eine Laune eines Elternteils zu einer unangenehmen Szene führt, kommt es dem Kind so vor, als habe es diese verursacht oder zumindest mitverursacht.

Ist Knatsch in der Familie und Eltern streiten miteinander, geraten viele Kinder in Aktion. Sie müssen etwas tun. Sie spüren eine Art Verantwortung dafür, dass es ruhig werden muss, und tun etwas dafür. Ablenken ist eine Möglichkeit, beispielsweise sich tendenziell übertrieben kindlich zu benehmen. Einige Kinder geben sich in solchen Situationen sehr lieb, wollen irgendwie trösten. Vielfach lenken sie aber mit Negativem ab, ziehen die Aufmerksamkeit auf sich.

Schaffen sie es nicht, fühlen sie sich schuldig, schlecht, ungenügend. Als Ausdruck davon können sich Kinder zurückziehen, ablehnend wirken, zerknirscht oder «muffig» sein. Bei anderen entlädt es sich vielleicht später in einem Wutausbruch. Wenn sie sich schuldig fühlen, auch wenn sie eigentlich nicht schuldig sind, so «wurmt» es sie. Wurmt es sie oft, vermindert das ihr Selbstwertgefühl. Der Satz, «das geht mich nichts an», ist für Erwachsene schwierig, für Kinder fast unmöglich.

Kinder ertragen viel. Aber allzu lange harzige, spannungsgeladene, streiterfüllte Zeiten, wie sie sich oft vor Trennungsentscheiden abspielen, nagen an den Kindern.

Kind und Geschwister

Kinder sind nicht nur Kinder der Eltern. Sie sind auch sich selbst, Einzelkind oder Mitglied einer Untergruppe, sofern es Geschwister gibt. Die meisten Kinder knüpfen sich eine Nebenkoalition. Mit Eltern kommt man ja nicht immer gut aus, es kann auch mal Stunk geben, da braucht es einen anderen vertrauten, tröstenden Ort.
Einzelkinder verknüpfen sich so auch außerhalb der engsten Familie familiär. Je nach Möglichkeit in ihrem Lebensablauf und der Umgebung, sind dies Kinder aus der Nachbarschaft oder Erwachsene, mit denen sie regelmäßig Kontakt haben.
Bei Geschwistern ergibt sich diese Nebenkoalition eher in der eigenen Familie. Sie bilden eine solidarische Untergruppe im Familienleben, einen Ort, wo auch Wohl- und Verstandensein möglich ist. Geschwister generieren zusammen meist eine eigene Art, in der Familie mitzuwirken. Sie entwickeln oder es ergeben sich Muster, wie sie auf verschiedene Abläufe in der Familie reagieren. Bricht im Wohnzimmer ein Streit zwischen den Eltern aus, so gibt es Geschwister, die dann auch gleich zu streiten beginnen. Andere bestürmen zusammen die Eltern mit dem Anliegen, jetzt Kuchen backen zu wollen. Kinder können zusammen ihre Eltern auch doof finden, sich gegen sie verbünden, zeitweise. Das wirkt tröstend, hilft auszuhalten und oft kreiert es im Gefüge der Geschwister auch Lösungsversuche.
Je nach Temperament und Alterskonstellation wachsen Kinder in ihrer Untergruppe in eine Rolle hinein. Die Ältesten fühlen sich häufig als die Verantwortlichsten und reagieren verantwortlich,

erzeugen beispielsweise bei Spannungen noch mehr Spannung. Die Jüngsten wachsen häufig in die «Benjaminrolle», spielen das «Baby», sorgen für einen warmen Teil der Familie, lenken babyhaft ab. Haben Eltern Spannungen, können sich Geschwister aufteilen, ein jedes kümmert sich um einen Elternteil.

Wenn sich eine Familie auseinanderdividiert, kann es für Geschwister gut sein, wenn sie zumindest in der Anfangszeit zusammenbleiben. Sie können sich in ihrer eigenen Koalition gegenseitig nützlich sein und einander stärken. Einzelkinder sollten anfangs in Kontaktnähe zu ihren «familiären» Freunden bleiben können.

Kinder sind widerstandsfähig

In der heutigen Welt, wo Prävention und diverseste psychologische Therapieangebote einen großen Markt ausmachen, weiß man besser, was alles passieren kann und welche Gefahren lauern, als wie Kinder sich entwickeln. Der Blick auf sie wurde defizitär, man weiß kaum noch, welche Fähigkeiten und Stärken Kinder haben. Schnell wird eine Auseinandersetzung, in der ein Kind steht, als gefährlich eingeschätzt. Schnell wird eine Krise, in der es stecken kann, als traumatisierend beschrieben. Kinder stehen aber immer in Auseinandersetzungen, vor Rätseln, ihr Leben ist ein großes Abenteuer. Sie haben immer wieder Hochs und Tiefs, kriseln, leiden und finden dann doch einen Weg. Beachtet man, was ein Kind von klein auf schon alles gemeistert hat und wie wenig die Eltern wirklich dazu beigetragen haben, kann man nur staunen.
Oft tut das Kriseln, das «Leiden» der Kinder den Eltern, den Erwachsenen, die neben ihnen sind, mehr weh als den Kindern selbst. Kinder haben ihr Leiden meistens viel schneller vergessen als die Eltern.
Auch der Vergleich von Kindern, die eine fast gleiche Geschichte durchlebt haben, zeigt, dass die meisten an ihrer Geschichte gewachsen sind, dass sie gestärkt daraus hervorgingen. Es gibt schwächere und stärkere Kinder, mehrheitlich sind Kinder zäh.

Kinder haben eine starke Eigenständigkeit in der Art, wie sie mit Herausforderungen umgehen. Sie haben eine eigene Selbstorganisation. Erwachsenen ist oft ein Rätsel, wie sie es machen. Erwachsene müssen akzeptieren, dass es nicht negativ sein muss, wenn sie die Kinder nicht verstehen. Wenn es Kindern nicht gut geht, wenn sie übelgelaunt, «muffig» sind und sich zurückziehen, stecken sie oft in einem Prozess. Es «wurmt» in ihnen. Dieses «Wurmen» ist eine Art der Selbstorganisation. Kinder benötigen immer wieder Raum und Zeit, in der es in ihnen «wurmt», um sich selbst wieder zu organisieren, sich selbstwirkend zu entwickeln. Selbstentwicklung benötigt Garzeit.
Kinder reagieren in Bezug auf ihre Stimmung auf die Umwelt. Ängstlich werden sie, wenn um sie herum ein ängstliches Klima herrscht, wenn sie zu sehr behütet und gehätschelt werden. Sie agieren mutiger, wenn man ihnen Vertrauen entgegenbringt, wenn sie Beistand und Solidarität erfahren.
Mehr beobachten als mithandeln – das fördert das Vertrauen, das Kinder verdienen. Im richtigen Moment für sie da sein, ihnen in einer guten Art Unterstützung geben, dies ist die Herausforderung für die Erwachsenenwelt um sie herum.
Besonders in Trennungsgeschichten gilt es zu beachten, dass Kinder oft ihre eigenen Lösungen, ihren eigenen Umgang mit den Veränderungen finden. Es tut ihnen gut, zu spüren, dass man ihnen vertraut, dass sie ihre eigenen «Lösungen» finden können. Kinder, die während der Trennung Vertrauen erfahren, empfinden die Veränderungen eher als Abenteuer als Kinder, die sich als Trennungsopfer fühlen. Kindern ist es unangenehm, sich als Opfer fühlen zu müssen, auch wenn es knifflig ist, sie sehen sich lieber in einem Abenteuer.

Kleine Kinder, Bébés

Bei kleinen Kindern, den Bébés, ist besonders zu beachten, dass sie ein starkes Bedürfnis nach Bindungsaufbau haben. Sie befinden sich in einem Prozess, in dem sie sich mit ihrer Umwelt verknüpfen, erstes Vertrauen und Geborgensein in dieser Welt aufbauen. Dabei können nicht viele verschiedene Menschen haupt-

sächliche Bezugspersonen sein, sondern nur wenige. Heutzutage sind es glücklicherweise meistens die Eltern. Um ideologischen Gründen vorzubeugen, sei hier aber klargestellt, dass es nicht immer Mutter oder Vater sein müssen. Sonst wären viele Frühwaisen nie zu normalen Erwachsenen herangewachsen.
Kleinstkinder benötigen vor allem ein Hauptnest, können aber zeitweise auch mit Nebennestern umgehen. Gesichter, Stimmen, Gerüche und vermutlich auch der Geschmack machen ihr Nest aus. Auf eine Hauptperson, ganz stark mit Stillen oder Schoppengeben verbunden, sind sie wohl angewiesen. Mit dieser Person sollten sie anfangs die meiste Zeit verbringen. Zunehmend können Kleinkinder stundenweise auch mit anderen Personen zusammen sein. Auch bei Kleinkindern ist Neugier zu erkennen, auch sie wachsen an Abwechslung.
Kleinstkinder bilden mit ihrer Mutter, der leiblichen, so etwas wie eine Einheit. Dass eine Mutter ihr Kind während neun Monaten in sich getragen hat, das Kind in ihr gedeihen konnte, ist möglichst zu berücksichtigen. So ist vermutlich nicht nur das Bébé besonders an die Mutter gebunden, sondern auch die Mutter an das Bébé. Diese «Leiblichkeit» spielt eine gewisse Zeit nach der Geburt noch mit und muss als solche gepflegt werden können.

Jugendliche

Beachtenswert in Bezug auf eine Trennung sind bei Jugendlichen folgende Aspekte:
Jugendliche sind einerseits in ihrem Wesen, ihrem Charakter bereits etwas gefestigt und leben schon eine eigene Art, haben ein Lebensgefühl gefunden. Ihnen ist ihre Meinung – mehr noch ihr Gefühl – zu ihrem Leben wichtiger als den jüngeren Kindern. Sie haben eine Identität entwickelt und sind fähig, zu abstrahieren, sich von den Eltern recht klar zu unterscheiden, sich von ihnen abzulösen, eigene Standpunkte einzunehmen.
Andererseits ist die Phase der Pubertät meistens hoch gefühlvoll, mit der Tendenz, alles doppelt so schön, aber auch doppelt so schlimm zu empfinden. Die Gefühlswelt läuft nicht linear ab,

Ideen und Meinungsänderungen entwickeln sich oft rasch. Heftig reagieren auf Störungen von außen gehört dazu. Heftig aufbrausen, stark zurückziehen, heftig abwehren, forsch agieren, radikal auflehnen, total absacken.
In den Turbulenzen dieses Alters sind Jugendliche stark mit sich selbst beschäftigt oder auch stark selbstzentriert. Es hat etwas Egoistisches an sich und ist nicht bös gemeint, sie müssen einfach schauen, dass sie mit sich selbst zurechtkommen.
Die Fähigkeit zu Kompromissen ist intellektuell gegeben, kann aber kaum gelebt werden. Die Fähigkeit zu Vernunft, im Sinn von Pro und Kontra leben zu können, kommt erst eingangs des Erwachsenenalters.

Vor der Trennung

Was halten Kinder wie lange aus?

Bevor es zu einer Trennung kommt, durchleben viele Familien eine schwierige Zeit. Oft würde man auf der Paarebene noch versuchen, durchzuhalten. Aber es kommen auch Zweifel auf, wie lange die Kinder in der spannungsgeladenen Atmosphäre leben können, ohne gravierende «Schäden» zu erleiden.
Krisen – stetes Auf und Ab, gute und schlechte Zeiten – sind Familiennormalität. Familien, die nur in Harmonie zusammenleben, sind sehr selten. Streiten, verhandeln, kriseln, sich versöhnen, wieder Glück empfinden, diese Wellen gehören zum menschlichen Zusammenleben und sind auch Erfahrungsfelder. Turbulente Familien sind auch eine Lebensschule.

Unter welchen Umständen sollten Sie zum Wohl der Kinder eine Trennung in Betracht ziehen? Die folgenden Anhaltspunkte helfen Ihnen, dies zu beurteilen.

- Wenn die schwierigen Zeiten nicht nur Tage, sondern Wochen und Monate andauern und die guten Zeiten immer kürzer werden. Wenn es sich abzeichnet, dass sie ein Dauerzustand werden.
- Wenn die Kinder immer häufiger Anzeichen von Leidensdruck zeigen, Eltern von außenstehenden Bezugspersonen entsprechende Rückmeldungen bekommen. Wenn sie aggressiv werden, stehlen, lügen, sich verschließen und oft offen oder verschlüsselt von den Spannungen sprechen. Oder wenn sie krank werden und die Ursache relativ klar auf die Familiensituation zurückzuführen ist.
- Wenn sich die Kinder oft und zunehmend in die Streitereien der Eltern mit eigenem auffälligem Verhalten einmischen oder sich sehr zurückziehen.
- Wenn ein ernsthaftes Zerren um die Gunst der Kinder begonnen hat und sie zum Spielball der Eltern werden.
- Wenn die Eltern zunehmend häufiger ihre Spannungen und ihren Frust an den Kindern auslassen, die Kinder zunehmend in eine Art Willkür geraten, für sie nicht mehr auszumachen ist,

wieso sie Ärger bekommen, die Kinder zu Blitzableitern werden.

- Wenn sich Tätlichkeiten häufen, es zu Gewalt kommt.
- Wenn immer häufiger geschwiegen wird, die Lebendigkeit der Kinder, ein falsches Wort, eine falsche Geste keinen Platz mehr hat.
- Wenn die Eltern krank werden oder die Energie verlieren, sich auf ihre Elternaufgaben zu konzentrieren.

Kurze, aber sehr heftige Ereignisse sind leichter zu erkennen als wenn die Probleme auf leisen Sohlen daherkommen, langsam zunehmen, sich dauerhaft einschleichen und ein schwieriges, auf die Dauer kaum erträgliches Familienklima prägen.
Die Art und Weise, wie man in der Familie miteinander umgeht, entwickelt sich schließlich zum hauptsächlichen und alltäglichen Muster für die Kinder. Ihr Lebensgefühl für Familie und ihr Umgang mit den Nächsten entspricht zunehmend dieser schwierigen Atmosphäre. Ein dauerhaft eingeschliffenes erstarrtes oder zerstrittenes Familienklima ist nichts Erbauliches für die Zukunft von Kindern.

Einen Grund für die Trennung erleben lassen

Bei Trennungsgeschichten ist es für Kinder wichtig, dass sie die Gründe für die Trennung begreifen können, nicht nur einfach eine Erklärung erhalten. Die meisten Kinder erleben sie ja, die Spannungen und Streitereien der Eltern. Diese sind unangenehm, geben den Kindern aber einen realen Eindruck, warum es zur Trennung kommt. Kinder dürfen von allem etwas erleben: schlechte, frostige Stimmung zu Hause, weinende Eltern, Streit. In ein heftiges Gewitter zu geraten, von eisiger Kälte erwischt zu werden, ermöglicht dem Kind, wirklich selbst zu erleben, dass sich etwas ändern muss. In ein Gewitter zu geraten, wenn es blitzt und donnert rundherum, beeindruckt das Kind, aber traumatisiert es nicht. Kalte Füsse bekommen tut weh, führt aber nicht zu einer bleibenden Erstarrung. Kinder sind zäh.
Solche Erfahrungen geben den Kindern einen «erlebten» Grund

dafür, dass eine Trennung sinnvoll sein kann. Es ermöglicht ihnen, die Trennungsschritte einzusehen und auch selbst mitzumachen. Erlebte Szenen, in denen die Eltern unangenehm sind, geben dem Kind einen Grund, der von außen kommt. Erleben sie solche Szenen nicht, haben die Kinder die Tendenz, sich selbst als Grund für die Trennung zu empfinden, bei sich selbst Schuld zu suchen. Kinder von Eltern, die nie vor den Kindern gestritten haben, alle Konflikte vor ihnen versteckt haben, sind oft schockiert, wenn sie von der Trennung erfahren. Es passiert etwas mit ihnen, was sie nicht nachvollziehen können.
Auch wenn eine Geschichte wie eine heimliche Liebschaft, Geldbetrug, Pädophilie im Hintergrund steht, die den Kindern verborgen bleiben soll, kann es für die Kinder gut sein, wenn eine Form von Zerwürfnis für sie erlebbar wird. Vielleicht reden die Eltern kaum noch miteinander, schlafen nicht mehr im selben Zimmer, gehen nicht mehr gemeinsam mit den Kindern nach draußen auf den Spielplatz. Kinder erleben so eine Veränderung, die sie als Ursache begreifen können.

Einen Grund für die Trennung verbalisieren

Wegen der Gefahr, dass Kinder sich selbst als Ursache verstehen, Schuld für die Trennung bei sich suchen, ist es gut, wenn die Kinder einen Grund, der nichts mit ihnen zu tun hat, verbalisieren können. Kurz und einfach sollen sie sagen können, warum sich ihre Eltern trennen, zum Beispiel: «Weil die Eltern zu viel gestritten haben.»
Die ganze Wahrheit müssen Kinder nicht kennen, können Kinder bis weit ins Jugendalter hinein auch nicht verstehen und wollen es meistens auch gar nicht. Eine solch einfache Formel können Kinder annehmen. Einfach ist sie auch deshalb, weil die Formulierung keinem Elternteil einseitig die Schuld zuschiebt. Es ist nicht die Mama oder der Papa, sondern es ist die Einheit Eltern, die zu viel streitet. «Weil wir Eltern zu viel miteinander gestritten haben.»
Auch bei Geschichten – die, wie oben erwähnt, den Kindern verborgen bleiben sollen –, wo nicht gestritten wird, nur die Konsequenzen gezogen werden, sollte eine Formel gefunden werden,

die die Dynamik des Paars beschreibt und nicht mit der Schuld des einen Elternteils beginnt. «Wir lieben uns nicht mehr, ein Zusammenwohnen wäre, auch für euch, immer unangenehmer geworden.»

Der «betrogene» Elternteil sollte akzeptieren, dass die Kinder nicht automatisch auf seiner Seite stehen müssen, dass sie eigene Gefühle haben. Sie sollen mit ihm nicht solidarisch sein müssen. Schließlich sind alle Geschichten des Paares Geschichten des Paares. Kinder erleben ihre Eltern in einer eigenen Dynamik, die so unangenehm für das Zusammenleben werden kann, dass eine Trennung notwendig wird. Kinder sollten Formulierungen zu der für sie erlebbaren Dynamik erhalten, nicht zu den Hintergründen, die diese ausgelöst haben.

Es den Kindern sagen, abtasten, was sie meinen

Eine Trennung bahnt sich meistens an und wird erlebbar: Unbedachte Bemerkungen, spitze Kommentare, zähe Diskussionen, Streit, häufiger Streit, man unternimmt weniger zusammen, ein Elternteil kommt zunehmend später nach Hause, weniger gemeinsame Essen, Trennen der Schlafzimmer – all dies kann für die Kinder miterlebbar werden. Andeutungen auf Trennung haben die Kinder in Streitszenen schon gehört. «Jetzt reicht es, wenn du nicht…» Zum Erlebten gibt es Worte. «Das halte ich langsam nicht mehr aus!», «Ich weiß nicht, wie lange das noch so gehen kann.»
«Damit wir nicht so viel streiten, isst Papa nicht mehr so oft mit uns, für euch ist es besser so.» Eine Trennung meldet sich im Alltag an. Man kann sie nicht verschweigen. Manche Kinder stellen diesbezüglich auch Fragen. Je älter die Kinder sind, desto eher merken sie, dass da etwas lauert.
Was soll man ihnen sagen? Sind sich die Eltern «einig», auch wenn ein Elternteil nicht freiwillig zustimmt, kann man mit einer gewissen Offenheit mit Kindern über die Trennung sprechen. «Es kann sein, dass…» Folgendes ist dabei zu beachten:
Für die Kinder sollen der unhaltbare Zustand und die Lösung aus

ihrer Sicht beschrieben werden, ausgehend von dem, was sie miterlebt haben. «Wir streiten zu viel, sind uns nicht mehr einig. Mit einer Trennung wäre es für euch ruhiger.» Oder ähnlich: «Wir verstehen uns immer weniger, und das gibt immer Streit.» Man sollte keine Schuldzuweisungen machen, beschreiben darf man die Differenzen zwischen den Eltern aber schon. Zum Beispiel: «Papa ist viel weg, da bin ich mit euch zu viel allein, das halte ich so nicht aus.» Was die Kinder ohnehin erleben, mitbekommen, kann als Differenz beschrieben werden: Trunkenheit, Geldverschwendung, allenfalls auch eine Außenbeziehung, die erkennbar ist. Auch schon Erstklässler erkennen solches, so darf es ausgesprochen, beschrieben sein. Auch mit dem Kommentar, dass die Meinung der Eltern dazu unterschiedlich ist. Ist das Problem benannt, hilft es den Kindern, die Fehler nicht bei sich zu suchen (Kapitel: *Wie es mit Kindern denkt und fühlt, Kinder können sich rasch als ursächlich fühlen).*

Liegen heikle Dinge im Hintergrund, Geheimes, das für die Kinder nicht wahrnehmbar ist, wie Sucht, dubiose Geschäfte, eine heimliche Affäre, sollte man die Kinder darüber nicht informieren. Das ist eine Sache auf der Paarebene. Was Kinder hören, soll auf der Eltern- oder Familienebene bleiben. In solchen Momenten ist die Versuchung groß, Kinder einzuweihen und sie so in die eigene Solidarität zu holen. So können sie aber in einen Loyalitätskonflikt geraten. Gibt es Vertuschtes, sollen die Kinder einfache Beschreibungen, wie «zu viel Streit», hören.
Wenn Fragen kommen, was Trennung bedeutet, was geschehen wird, sollte man einen gangbaren Weg für die Kinder beschreiben und ihnen die Sicherheit geben, dass sie keinen Elternteil verlieren werden, dass sie hier und dort sein können.
Es ist auch gut, wenn Kinder ab ungefähr dem Kindergartenalter Entscheide und nächste Schritte vorangekündigt bekommen. Je nach Alter kürzer oder länger im Voraus, von «übermorgen» bis ein, zwei Monate im Voraus, länger nicht. In Bezug auf den Trennungsentscheid sollte man sich gegenüber den Kindern recht klar ausdrücken. Einmal ja, dann doch nein oder mehrmals «ich weiß noch nicht», ertragen Kinder nicht gut. Je nach Kind kann Ungewissheit verunsichern, es kann in Versuchung kommen, selbst Ver-

antwortung übernehmen zu wollen, allenfalls Hilfe zu inszenieren, die nichts nützt.
Kommentieren und Andeuten kann auch den Versuch der Eltern beinhalten, herauszufinden, wie die Kinder reagieren, abzutasten, was sie zu einer Trennung meinen. Dabei ist Folgendes zu beachten:
Kindern kann man diesbezüglich nicht wirklich auf den Zahn fühlen. Man kann nicht klar herausfinden, was sie meinen, denken, fühlen. Sie wissen ja gar nicht recht, worum es geht. Und je genauer sie sich ausdrücken sollen, desto mehr bekommen sie das Gefühl, dass ihre Meinung entscheidend ist, sie in die Verantwortung kommen. Es als Eltern zu genau wissen wollen, gibt den Kindern den Eindruck, dass es schlimm und gefährlich wird. Ungefähr sich dazu äußern zu dürfen, gibt ihnen eher das Gefühl, dass es um eine Reise, ein Abenteuer gehe. Kinder anhören heißt, nur hören, was sie sagen, ihr Alter berücksichtigen und ihre noch kindliche Fähigkeit einer Lagebeurteilung einschätzen, ihre Äußerungen in die eigene Entscheidungsfindung mit einbeziehen. Sie außerhalb der Verantwortung lassen.
Wichtig ist, wenn es zur Sprache kommt, dass die Eltern am Ende immer wieder darauf hinweisen, dass sie, sie als Eltern, entscheiden werden. Und ab und zu müssen Kinder hören, dass es nicht wegen ihnen ist, dass sie keine Schuld tragen. Aber man sollte nicht jedes Mal von der Schuld reden, sonst beginnen die Kinder zu denken, dass doch eine Schuld vorliegt, weil es so betont wird.

Für Eltern kann es schrecklich sein, das Wort Trennung ein erstes Mal auszusprechen, vor dem Kind dieses Wort zu benützen. Für Eltern kann es schrecklich sein, über die Trennung zu reden. Eltern müssen wissen, dass sie ihre Gefühle in solchen Momenten nicht mit den Kindern teilen können. Da bleibt man allein damit. Verbergen kann man diese Gefühle kaum. Vielleicht kann man so etwas sagen wie: «Es kommt dann schon gut. Ich bin traurig, ihr müsst es nicht sein.» Sowohl Ehrlichkeit ist wichtig als auch zuversichtliche Worte, die den Kindern eine Zukunft aufzeigen. Man kann durchblicken lassen, dass es auf der Kinderebene nicht gleich aussieht wie auf der Elternebene.

Je nach Alter muss die Trennung unterschiedlich besprochen werden. Kleine Kinder begreifen das Wort noch nicht, können auch noch nicht erahnen, wohin diese führen kann, dass die Eltern beispielsweise zunehmend einzeln mit ihm unterwegs sein werden. Ab Schulreife können die meisten Kinder die Bedeutung erkennen und erahnen, wohin der Weg führt.
Es kann auch sein, dass man mit den Kindern bespricht, ob sie ab und zu darüber reden oder lieber nichts davon hören wollen. Jugendliche wollen oft genauer wissen, was wann geschieht. Nächste «Gesprächstermine» geben eine gewisse Sicherheit, dass man wieder darüber sprechen kann, darf.

Eine Reise ins Abenteuer

Wie erwähnt, können die Stimmung und die Bedeutung um die bevorstehende Trennung für Eltern und Kinder sehr unterschiedlich sein.
Für die meisten Eltern bedeutet eine Trennung das Ende eines schönen Traums, das Ende einer Lebensform, von der sie vielleicht einmal geglaubt haben, sie bringe ihnen die Erfüllung des Lebens. Möglicherweise fühlen sie plötzlich Angst vor dem Alleinsein, vor der finanziellen Ungewissheit, nagen an der Niederlage, spüren Trauer, Wut, Unsicherheit. Der andere Elternteil erwartet vielleicht die Erlösung, Freiheit, einen Aufbruch, verbunden mit Euphorie und wohl doch auch mit Unbehagen im Hinterkopf und Respekt vor den Gefahren. Sie malen sich aus, wie es werden und ihnen gehen wird, worauf sie dann achten wollen, was sie verhindern oder anstreben wollen. Sie spekulieren in die Zukunft.
Und die Kinder? Sie hören Sätze wie «Papa wird ausziehen», «wir leben dann nicht mehr zusammen», «Trennung». Diese Sätze hören sie in einem Stimmungsnebel, der von Ängstlichkeit und Trauer geprägt ist, von der Erwartung, dass etwas verloren geht, es schlimm werden kann. Die Kinder nehmen diese Stimmung sicher auf, kommen auch in das Gefühl von Verlust und Vorsicht, glauben, die kommenden Veränderungen seien eher gefährlich und schmerzhaft.

Objektiv, wenn man die Gefühle und Ängste rund um die Familie und Trennung ausblendet, bedeutet die bevorstehende Trennung für die Kinder einfach eine Reise in für sie wenig vorstellbare Gefilde. Es ist, wie schon erwähnt, ein Abenteuer, das in einen anderen Familienalltag führt. Mama und Papa gehen nicht verloren, man sieht sie nur weniger. Für die Kinder wird es wahrscheinlich zwei Wohnorte geben. Sie bekommen neue Betten mit neuen Bettanzügen. An einem Ort wird es neues Essgeschirr geben, oder das alte von Oma wird benutzt. Sie lernen einen neuen Spielplatz kennen. Es wird einen neuen Schulweg geben. Sie werden Spielsachen für da und dort aussortieren müssen. Vielleicht müssen sie die Schule wechseln und eine freundlichere oder weniger freundliche Lehrerin bekommen. Sie werden viel Neues und viel anderes kennenlernen. So gesehen, ist es für sie kein Drama, sondern ein aufregendes Erlebnis.

Die Kinder gehen in ein großes Abenteuer, die Eltern, oder zumindest ein Elternteil, ins Elend. So gesehen möchte ich Eltern, wenn es einigermaßen möglich ist, ermuntern, ja auffordern, mit den Kindern über die bevorstehenden Änderungen in einer Stimmung von «ab, ins Abenteuer», «ab, los gehts, auf die Reise» reden. Die Kinder werden sich dankbar zeigen, es wird ihnen so besser gehen.

Denn Kinder sind in ihrer Stimmung, in ihrem Selbstwertgefühl noch sehr abhängig von der Stimmung, welche die Eltern verbreiten. In einer lebensmutigen Alltagsstimmung fühlen sich Kinder wohler. Das eigene Elend sehen und sich trotzdem in das Abenteuer der Kinder einfühlen, ist ein großer Beitrag an das Wohlergehen der Kinder.

Die Trennung planen

Eltern führen und planen (bei ihnen liegt die Verantwortung)

Im Folgenden möchte ich einige Grundhaltungen beschreiben, mit denen die Eltern das Planen und Organisieren angehen und dabei die Kinder angemessen mit einbeziehen können, ohne sie in die Verantwortung hineinrutschen zu lassen.

Ein Elternteil ist bei Trennungen meistens der fordernde, der Teil, der vorwärtsmachen will. Der andere Elternteil ist oft dazu verleitet, durch Passivität die Trennung zu verzögern, vielleicht sogar zu verhindern oder mit Passivität dem andern Elternteil deutlich zu machen, dass er ja nicht einverstanden ist und er die Schuld beim andern sieht. Das ist eine Rechnung auf der Ex-Paar-Ebene. Auf der Elternebene wäre es aber gut, wenn jeder Elternteil seinen unausweichlichen Teil übernehmen würde. Ist diese Dynamik zu unterschiedlich, bemerken es die Kinder. So geraten sie in einen oft unterschwellig geführten Kampf der Eltern, erleben einen schwachen und starken Elternteil und geraten in einen Loyalitätskonflikt oder versuchen, selbst Verantwortung zu übernehmen. Kinder haben die Tendenz, den Schwächeren zu helfen oder sich emotional auf deren Seite zu begeben. Tun sie das, zum Beispiel indem sie sich ebenfalls verweigern und gegen die Trennung opponieren, geraten sie mit dem stärkeren Elternteil in Konflikt.

Jeder Elternteil sollte für sich klären, was er anbieten kann. Wie sein Budget aussieht. Wie viel er als selbstständige Person (man hat ja wieder ein «Privatleben») und als Elternteil einbringen kann und will. Wie viel Zeit und Energie er für die Kinderzeiten aufbringen kann.
Es lohnt sich, zu überlegen, was die Eltern selbst entscheiden, wo die Kinder mitreden können und was sie selbst entscheiden dürfen. Die großen wichtigen Dinge müssen die Eltern entscheiden, insbesondere die Trennung. Zu diesem Punkt müssen die Eltern die Kinder eigentlich nicht einmal anhören. Auch wenn man denkt, man trenne sich nur für die Kinder. Dieser Entscheid ist ein

Entscheid auf der Paarebene. Auch Unterhalt und Aufteilung des Vermögens ist Elternsache. Bei allem anderen sollte man sich folgende Fragen stellen: Was ist noch gemeinsame Sache, und was kann jeder Elternteil für sein künftiges Leben selbst festlegen? Wie weit sollen die Kinder je nach Alter angehört werden, mitreden oder selbst entscheiden können?
Gemeinsame Sache sind Budgetfragen, Versicherungen, Kinder-Eltern-Zeiten, Kindesvermögen, grundsätzliche Erziehungshaltungen (pragmatisch betrachtet, sehr breit gemeint), Religion, Schul- und Ausbildungsfragen, regelmäßige Freizeitkurse oder -engagements, medizinische Versorgung, Fremdbetreuung im Zusammenhang mit dem Erwerbsleben der Eltern.
Alles andere ist Sache jedes einzelnen Elternteils. Trennung heißt, jeder Elternteil gestaltet und verantwortet seine Zeit und sein Wohnen mit den Kindern selbst.
Das ist gewiss für viele sich trennende Eltern nicht einfach und sicher eine der großen Herausforderungen, zumindest für die eine Seite des Elternpaars. Die Herausforderung heißt loslassen, akzeptieren, dass der eigene Einfluss in Zukunft auf die vereinbarten Zeiten mit den Kindern beschränkt bleibt. Gut, wenn Eltern noch Grundhaltungen über Erziehung, Geldausgeben für die Kinder, Umgang mit Geburtstags- und Weihnachtsgeschenken, Schule und Lernen besprechen können. Aber man muss sich bewusst sein, dass das reale Leben dann in der getrennten Situation recht unterschiedlich aussehen kann.
Eine neue Wohnung suchen und entscheiden, welche gemietet wird, ist Elternsache. Dies sage ich, damit Kinder nicht in eine Mitverantwortung geraten, diesen Schritt zu machen.

Trotz Planung offen bleiben

Es ist nicht alles klar planbar, ein Alltagsleben mit Kindern ist nur einigermaßen voraussehbar. Das sollte Grundsatz für die Planung der Zeit nach der Trennung sein. Eltern wollen manchmal, um den Spannungen zu entkommen, sofort alles von Beginn weg genau geregelt haben. Auch aus der Angst heraus, dass um die Kinder ein Kampf entstehen könnte, oder einfach aus der Verlustangst

heraus, die diese große bevorstehende Veränderung mit sich bringt.
Vielleicht ist ein Kind dann im getrennten Leben ängstlicher als man meinte, und getraut sich nicht, wie vorgesehen, mit dem Bus in die Schule zu fahren. Eine vorgesehene Tagesmutter erweist sich plötzlich als ungeeignet, oder die Großeltern, die versprochen haben, jeweils am Dienstag den Hütedienst zu übernehmen, haben zu viel versprochen, weil ihr Alter es nicht mehr zulässt. Vielleicht schafft es der Vater meistens nicht, am Freitag schon um siebzehn Uhr die Kinder abzuholen, weil die Straßen stärker verstopft sind als gedacht. Oder die Kinder sind nicht mittwochs jeweils um zwölf Uhr dreißig parat, sie erweisen sich als langsam und vergessen die Zeit, bocken und sind solchen Zeitdruck nicht gewohnt.

Finanzielles und Materielles, wer wo wohnt und die Zeit verbringt, lässt sich vor der Trennung ziemlich gut vereinbaren. Aber man muss bereit sein, einen Anfang zu machen und allfällige Anpassungen auszuhandeln.
Und man muss sich auch vor Augen halten, dass die Kinder älter werden und sich daraus immer wieder Änderungen ergeben. Sie gehen neu in den Musikunterricht, wollen Theater spielen, wechseln die Fußballmannschaft, die Pfadi sagt ihnen plötzlich nichts mehr, und sie geben den Austritt oder haben plötzlich einen Freund oder eine Freundin. Man kann vieles nur bis zum nächsten Entwicklungsschritt der Kinder planen.
Beide Ex-Partner sollten auch Raum für eine gewisse Flexibilität in ihrem eigenen Leben lassen. Bald nach der Trennung melden sich eigene Bedürfnisse als «Privatperson». Nur Eltern sein und arbeiten, hält man nicht lange aus, es muss auch Zeit für eigene Freizeit offen bleiben.
Spätestens nach einem Jahr, vielleicht schon nach einem halben, sollte eine erste Bilanz gezogen und sollten, wenn es geht, Anpassungen gemacht werden.
Diesbezüglich möchte ich eine Krux aufzeigen, die besonders für Ex-Paare gilt, die Eltern- und Ex-Paar-Ebene nur schlecht trennen können, und bei denen ein gewisses Misstrauen weiterschwelt. Weiß man, dass später gewisse Punkte wieder zur Ver-

handlung stehen können, ist man versucht, diese quasi selbstbestätigend so geschehen zu lassen, dass Veränderungen dann auch tatsächlich nötig werden. Sind die Kinder dann allein bei Mutter oder Vater, benehmen sie sich oft so, dass auch sie die «erhoffte» Veränderung bestätigen. Als Beispiele: Oft nach dem Papa fragen – ein Grund, er sollte zurückkommen. Sich weigern, die Sachen zu packen für den Aufenthalt beim Vater – ein Grund weniger, zu ihm zu gehen (siehe auch Kapitel *Kinder leben im Hier und Jetzt*).

Kinder sind solidarisch und erfüllen im Zusammensein mit den Eltern den Wunsch, der den Eltern im Hinterkopf sitzt. So besteht die Gefahr, dass Konfliktfeuerchen weiterglühen und die Kinder weiter als Zündstoff dienen. In solchen Dauerdifferenzen können sich schwelende, nicht enden wollende Loyalitätskonflikte verbergen.
Die Trennung ist diesbezüglich vergleichbar mit dem Umzug einer Familie in ein neu erworbenes Einfamilienhaus oder ein neues familienfreundlicheres Quartier. Alles was der Umzug einer Familie den Kindern «zumutet», kann bei einer Trennung im Voraus vereinbart werden. So ist es gegeben, dass sich alle Familienmitglieder an die neue Situation anpassen müssen: Der Schulweg ist weiter, die Lehrerin irgendwie anders, im Quartier hat es rüpelhafte Jungs. Trotzdem ist ein Umzug für die Kinder meistens ein Abenteuer, in dem sie viel lernen und nicht untergehen. Einige Änderungen sind fix, andere nur vorläufig und unter Umständen neu zu vereinbaren.

Von stundenweiser Betreuung, vierzehntäglichen Besuchen bis zur Doppelresidenz

Vor dem Trennungsschritt stellt sich immer die Frage, wie die Zeit, die die Kinder bei den Elternteilen verbringen, aufgeteilt werden soll. Es gibt die verschiedensten Modelle: von der Betreuung des Kindes während einer oder ein paar Stunden (bei Bébés) über vierzehntägliche Besuche bis hin zur sogenannten Doppelresidenz.

Bébés/Kleinkinder: Im Kapitel «*Wie es mit Kindern denkt und fühlt*» habe ich beschrieben, was die Kleinsten der Familie benötigen. Sind sie noch Neugeborene, können sie mit dem Vater auswärts ein bis drei Stunden zusammen sein. Stillen kann den Rhythmus vorgeben. Liebe Mütter, Väter können auch wickeln. Dann kann verlängert werden. Zwei- bis dreimal die Woche ein Besuch des Bébés beim Vater wäre schön, für die Bindung aber nicht notwendig. Es geht mehr um den Vater, weil es schon etwas sehr Schönes ist, Kinder in diesem Alter zu erleben. Und Bébés sind auch nicht so empfindlich und zerbrechlich, sie können dem Vater beibringen, wie er es machen muss – durch Schreien, erbarmenswert Dreinschauen, Glucksen und Murmeln. Sind sie abgestillt, können sie auch beim Vater schlafen. Mal eine Nacht, mit einem Jahr auch schon zwei, wöchentlich wäre gut.
Vom Bindungsaufbau wurde in den letzten Jahren viel geschrieben. Bindung zu Menschen aufbauen können, heißt, dass ein Bébé wenige, ihm regelmäßig begegnende Personen benötigt, die es nähren, hätscheln, wickeln, mit ihm Faxen machen, es streicheln, kitzeln, mit ihm plappern. Das müssen nicht unbedingt die Eltern sein. Sich kennenlernen, sich aneinander gewöhnen, Kind-Eltern-Gefühle wachsen lassen, eine Beziehung aufbauen ist etwas anderes und kann in jedem Kindesalter beginnen. Aber je früher man anfängt, umso intensiver und selbstverständlicher wird die Beziehung. Ich möchte aber noch erwähnen, dass es besonders bei Neugeborenen und ihren Müttern Konstellationen gibt, wo die beiden fast unzertrennlich sind. Ängste der Mütter, sich vom Kind zu trennen, können sehr natürlich sein, sind auf Muttergefühle zurückzuführen und auf die Umstellung der Gefühlswelt wegen der Hormone. Es gibt Bébés, die schreien einfach, wenn die Aura der Mutter weg ist. Sie sind nicht von der Mutter manipuliert, sondern es ist einfach so. In einem solchen Fall Druck aufzusetzen, tut keinem gut. Und hat mal eine Mutter Angst vor dem Vater des Bébés, liest es das Gesicht der Mutter und hat dann ebenfalls Angst. Die beiden sind sich anfangs ganz, ganz nah.

Kinder (Doppelresidenz und andere Modelle): Metastudien, also Studien, die viele verschiedene Untersuchungen zu einem Thema miteinander vergleichen, zeigen auf, dass sogenannte

Doppelresidenzen für Kinder am besten sind. Das Wort «Doppelresidenz» bedeutet, dass die Kinder nach der Trennung zwei gleichwertige Zuhause haben. Diese Kinder haben im Durchschnitt eine stabilere Beziehung zu den Eltern, die besseren Schulnoten, ein besseres Selbstwertgefühl und werden weniger gemobbt als Kinder, die mehrheitlich bei einem Elternteil wohnen.

Man spricht von «Doppelresidenz», wenn Kinder bei jedem Elternteil zwischen dreiunddreißig und fünfzig Prozent der Zeit verbringen. Ein bis fünf Tage hintereinander da und dort. Als Beispiel auf zwei Wochen: Montag nach der Schule bis Mittwochmorgen beim Vater (zweimal übernachten), Mittwochabend bis Freitagmorgen bei der Mutter (zweimal übernachten), Freitagabend bis Mittwochmorgen beim Vater (fünfmal übernachten), Mittwochnachmittag bis Montagmorgen bei der Mutter (fünfmal übernachten).

Das ergibt über zwei Wochen hinweg je sieben Übernachtungen, das heißt je fünfzig Prozent bei jedem Elternteil. Oder Montagabend bis Mittwochmorgen bei der Mutter (zweimal übernachten), Mittwochnachmittag bis Freitagmorgen beim Vater (zweimal übernachten), Freitagabend bis Mittwochmorgen bei der Mutter (fünfmal übernachten), Mittwochnachmittag bis Donnerstagmorgen beim Vater (einmal übernachten), von Donnerstagabend bis Freitagmorgen bei der Mutter (zweimal übernachten), Freitagabend bis Montagmorgen bei Vater (dreimal übernachten). Das ergibt über zwei Wochen hinweg neun Übernachtungen bei der Mutter und sechs beim Vater, was einem Verhältnis von etwa fünfundsechzig zu fünfunddreißig Prozent entspricht.

Ist eine Doppelresidenz nicht möglich, ist es sicher gut, wenn die Kinder nebst vierzehntäglichen Wochenenden von Freitagabend bis Sonntagabend einmal unter der Woche beim Elternteil verbringen, der sich weniger um sie kümmern kann. Einmal auch wochentags, weil zusammen Alltag erleben mit Aufstehen und Zur-Schule-Gehen, Hausaufgaben-Erledigen sowie Müdesein von der Arbeit und für Kinder-Sorgen einen anderen Umgang miteinander erfordert als nur die Besuche am Wochenende. Erleben die Kinder die Eltern mehr als nur an den Wochenenden und in den Ferien, erleben sie ein realistischeres Bild von ihnen. So sehen die Kinder beide Eltern im gleichen Licht. Beide müssen auch mal hartnäckig und fordernd sein, mit beiden muss man echt streiten lernen. Kein Elternteil kann nur der großzügige und gönnerhafte sein.
Zu Beginn der Trennung und wenn die Kinder klein sind, ist es ideal, wenn die Eltern im Umkreis des Kindergartens oder der Schule wohnen, so dass die Kinder diese Wege selbst zu Fuß gehen können. Auf Sichtweite, so dass die Eltern sich im Alltag begegnen, sich sehen können, ist nicht zu empfehlen. Das Privatleben der Eltern kann sich wieder verändern, das muss der andere Teil nicht gleich mitbekommen. Auch nicht, wie er sich jetzt kleidet, sie sich jetzt anzieht, wann er heimkommt und wie oft sie auf dem Balkon raucht. Die Ex-Paar-Ebene verlangt Abstand.

Jugendliche: Bei Jugendlichen muss man beachten, dass sie bereits einen Teil der Ablösung von den Eltern hinter sich haben können. In Familiengeschichten, wo sich eine Trennung anbahnt und das Klima in der Familie schon seit einiger Zeit harzig war, haben die Kinder oft schon eigene engere Beziehungen in ihrem Freundeskreis aufgebaut, früher als andere Kinder. Das kann heißen, dass Jugendliche nicht umziehen, nicht die Klasse wechseln, weiterhin in der Nähe ihres Freundeskreises bleiben wollen. Je näher ein Jugendlicher dem Alter von sechzehn Jahren kommt, umso mehr sollte auf seine Position Rücksicht genommen werden. Das kann heißen, dass Geschwister nicht mehr zusammenleben oder die Jugendlichen nicht mit den Eltern dahin oder dorthin ziehen, sondern dort bleiben, wo sie die Lehre abschließen oder die Matura (das Abitur) machen werden, bei Großeltern oder Bekannten wohnen. Eine Trennung in der Zeit, wo die Kinder bereits im Jugendalter stehen, kann das Auseinanderdriften der Familie sehr beschleunigen.

Besondere Paarkonstellationen: Ich möchte hier auch erwähnen, dass es Situationen gibt, wo nach einer Trennung die Eltern weit auseinander wohnen und die Kinder den anderen Elternteil wenig sehen. Zum Beispiel, wenn ein Elternteil nach der Heirat wegen des Partners seine Heimat verlassen hat, sich nie wohl fühlte am neuen Ort und nach der Trennung keinen Grund mehr findet, in der Fremde oder einer Stadt fernab seines früheren Wohnorts zu bleiben. In einem solchen Fall muss ein Elternteil «über die Klinge springen» und auf das weitere Zusammenleben mit den Kindern verzichten. Es blieben gemeinsame Ferien, mehr nicht. Es blieben viele Telefonate oder Skypen. Den Kindern geht es auch unter diesen Umständen meistens gut, sie machen ihren Weg ins Erwachsenenalter, die Beziehung zu den Eltern bleibt gut, man verliert sich nicht (Kinder von Hochseekapitänen in Hamburg sehen ihre Väter oft über Monate nicht und haben dennoch gute Väter). Auch hier gilt: Die Katastrophe der Eltern ist nicht die Katastrophe der Kinder. Wenn es Eltern schaffen, gegenüber den Kindern einem solchen Leben eine lebbare Perspektive zu geben und das Schicksal walten zu lassen, erhalten die Kinder das Gefühl, dass es auch so gut gehen kann, und sie fühlen sich legitimiert, ohne Schuldgefühle ein gesundes, eigenes Leben zu führen.
Solche, für einen Elternteil harte Beispiele zeigen, dass es letztlich darum geht, dass die Eltern ihren Kindern trotz Trennung ermöglichen, ohne großen Kummer erwachsen zu werden. So, dass es allen, wenn die Eltern schon Großeltern geworden sind, die Familie sich erweitert hat und an verschiedenen Orten lebt, gut gehen kann. Mehr oder weniger. Geht es den Eltern gut, geht es den Kindern gut. Geht es den Kindern gut, geht es den Eltern gut. Dies kann man jedenfalls hoffen.
Solche Beispiele zeigen auch, dass es sich lohnen kann, die negativen Konsequenzen, die sich aus einer solchen Paarkonstellation ergeben, anzunehmen und das Beste daraus zu machen. Die Kinder werden den Eltern sicher einmal dankbar sein.

Wie viel Wechsel aufs Mal ertragen die Kinder? Eine Trennung der Eltern bedeutet für die Kinder, dass sie recht viele Umstellungen bewältigen müssen: neuer Wohnort, andere Schule, neuer Freundeskreis. Wenn es machbar ist, ist es für die Kinder sicher vorteilhaft, wenn sie vorerst Kita, Schule und Freundeskreis im Quartier behalten können.

Fremdbetreuung und Drittpersonen bei Erziehung und Obhut

Kinder gehören nicht nur den Eltern, sie sind auch Teil einer Familie im Sinn von mehreren Generationen und Teil einer Gemeinschaft, eines Freundeskreises. Durch Trennung ergibt sich eine Reduktion der Zeit, die man mit den eigenen Kindern verbringen kann. Das schmerzt, wird als Verlust empfunden. Daher kommt es oft vor, dass sich die getrennten Eltern die Kinder aufteilen, sich gegenseitig ergänzen und die Kinder gewohnte Außenkontakte verlieren. Sie können nicht mehr bei den Großeltern übernachten, nicht mehr bei einer Freundin oder einem Freund. Abends kommt nicht mehr die Jugendliche aus dem Quartier, nicht mehr die Nachbarin vom Haus in die Wohnung zum Hüten. Ich denke, dass es für Kinder gut ist, wenn sie einen Teil solch gewohnter Kontakte behalten können. Die offenen oder auch latenten Spannungen während der Trennungszeit belasten auch die Kinder. Neutrale Zeiten mit anderen, neutralen Leuten können deshalb sehr wertvoll sein. Bleiben die Drittpersonen für die Betreuung dieselben, geben die Eltern den Kindern auch das Gefühl, dass sie, die Kinder, die Trennung leichter erleben dürfen als die Eltern. Auch hier gilt: Die Katastrophe der Eltern müssen die Kinder nicht teilen. Über das Beibehalten eines Teils der alten Gewohnheiten bei der Fremdbetreuung erleben Kinder real, dass eine Trennung nicht emotional einschneidend sein muss.

Bei Absprachen über die Fremdbetreuung mit Hort, Kita oder Hütemädchen können sich Eltern meistens mit einem objektiven Blick auf die Betreuungspersonen einigen. Hingegen birgt

Fremdbetreuung durch Familienmitglieder wie Großeltern, Tanten der Kinder oder beste Kolleginnen häufig ein Spannungspotenzial. Meistens passte schon während der gemeinsamen Zeit dem einen oder anderen Elternteil der Stil der anderen Oma oder Tante nicht. Die unterschiedlichen Familienarten waren schon früher Grund zu Spannungen. Es ist aber notwendig, dass Eltern im Hinblick auf die bevorstehende Trennung loslassen können, bereit sind, dem anderen Elternteil Vertrauen entgegenzubringen. Mehr dazu erfahren Sie im Kapitel *Zwei Familienkulturen leben und Vertrauen in die andere Wohnung mitgeben.*

Eine Formel könnte sein: Was mit den Erwerbszeiten der Eltern zu tun hat und auch etwas kostet, regeln die Eltern gemeinsam. Fremdbetreuung während der geregelten Elternzeiten, am Abend, an Wochenenden, für das «Privatleben» ist jeweils Sache des einzelnen Elternteils.

Eltern noch gemeinsam erleben müssen?

Können sich die Eltern nach der Trennung einigermaßen ruhig und sachlich begegnen, ist das für die Kinder wunderbar. So erleben die Kinder ab und zu ihre Eltern gemeinsam, ein vertrautes Bild bleibt.
Oft ist das aber nicht möglich. Die verbliebenen Differenzen auf der Ex-Paar-Ebene funken in die Begegnungen: frostige Blicke, spitze Bemerkungen, kurze Dispute. Das lieben Kinder gar nicht. Läuft eine Scheidung mit Anwälten und Gericht im Hintergrund, ist es meist recht schwierig, einigermaßen gelassen an einer Geburtstagsfeier eines Kindes teilzunehmen.
Erwachsene kennen es auch: Steckt man mitten im Konflikt, erträgt man recht viel. Hat man aber einmal die Phasen mit den schwierigsten Szenen hinter sich, ist man aus ihnen herausgekommen, erträgt man sie kaum mehr. Alles wird wieder aufgewühlt, Angst und Unsicherheit. Nach einer Trennung benötigen Kinder emotionale Sicherheit, sicher vor allem in der ersten Zeit. Das heißt auch, dass sie keine streitenden Eltern mehr erleben sollten.

Kinder müssen ihre Eltern nicht unbedingt zusammen erleben. Das ist mehr ein Wunsch der Eltern und idealisierender Pädagogen. Zwei Mal Weihnachten, zwei Mal Geburtstag, diese aber gelassen und feierlich, ist für Kinder viel besser.

Übergaben gestalten – wenn es zwischen den Eltern noch Spannungen gibt

Solange unter den Eltern noch Spannungen bestehen, können sie in direkten Begegnungen rasch in Streit geraten, oder zumindest in ein kleines Hickhack. Kleinigkeiten wie eine Viertelstunde länger oder zurückbringen, ohne dass die Kinder schon gegessen haben, können Gefühle wie «ich muss immer» oder «immer auf meine Kosten» auslösen. Eine Einzelheit löst generelle Gefühle aus.

Absprachen und wichtige Mitteilungen sollten die Eltern im Voraus machen, nicht erst bei der Übergabe der Kinder. Telefonisch nur, wenn man weiß, dass die Kinder nicht in der Nähe der Sprechenden sind.

Kinder können schon früh allein eine Treppe hinauf- und hinuntergehen. Das Gepäck kann im Treppenhaus oder am Garteneingang

Wechsel…

deponiert werden. Winken sich die Eltern noch aus einer gewissen Distanz zu, mit einem «Gute Zeit», ist das für die Kinder okay, auch wenn es den Eltern seltsam vorkommt.

Weihnachten, Geburtstage, Schulbesuche

Weihnachten und Geburtstage haben in den Idealvorstellungen, wie Familie ist und sein sollte, einen hohen Stellenwert. An diesen Anlässen verkörpert sich sozusagen das Bild der «glücklichen» Familie, werden die Fotos geschossen, die das Glück belegen. Fast alle haben auch entsprechende Werbeclips im Kopf. Welche Familienfotos und -bilder ergeben sich nach einer Trennung noch, wenn es Eltern nicht mehr schaffen, ruhig und gelassen gemeinsam an einer Feier teilzunehmen? Kinder zusammen mit der Mutter, ohne Vater, oder umgekehrt. Kann man mit gutem Gefühl solche Fotos mit den Kindern anschauen, ohne ihnen vorzuführen, dass da eine «kaputte» Familie abgebildet ist? Kann man als Eltern selbst solche Fotos noch als Familienfotos erleben? Ja – kann und soll man. Im Unterschied zu den Eltern haben die Kinder von beiden Anlässen Fotos und Erinnerungen. Und sie kennen das «mythische» Gefühl, wie Familie sein sollte, von sich aus weniger.
Nach einer Trennung bleiben den Eltern eigentlich nur noch diese Familienanlässe, ihrem Gefühl von Familie ein Bild zu geben. Dieses Gefühl braucht vor allem die Seite der Eltern, der Erwachsenen. Freuen sich Kinder auf Weihnachten und Geburtstag, freuen sie sich wohl mehr auf die Geschenke und das Dessert, darauf, dass sie im Mittelpunkt stehen, als auf die Zusammensetzung der Gäste. Sie haben weniger ein Gesamtkonzept in ihren Gefühlen für Leben und Glück, sie haben den kindlichen Egoismus für das Glück im Augenblick im Visier.

Ich fasse nochmals den Prozess zusammen, den die Kinder diesbezüglich durchleben. Solange die Kinder vor der Trennung im Alltag in den Spannungen der Eltern leben, können sie irgendwie damit umgehen, es nagt an ihnen, aber irgendwie halten sie es aus. Diese eigenartige Atmosphäre, diese Szenarien mit unter-

drückter Spannung, dieses Gefühl, dass die Stimmung jederzeit explodieren kann und sie sich schlecht und handlungsunfähig vorkommen, sitzt tief in ihnen. Die Trennung befreit sie weitgehend davon, ist eine Erleichterung. Geraten sie erneut in solch spannungsgeladene Gewitterzonen, wirkt dies für sie bedrohlich. Die schlechten Gefühle kommen wieder hoch. Die Gefühle der Ohnmacht und des Ausgeliefertseins wühlen sie wieder auf. Aus diesem Grund ist es zum Wohl der Kinder sinnvoll, zu berücksichtigen, dass nach einer Trennung die Familienanlässe für Kinder und Eltern eine sehr unterschiedliche Bedeutung haben. Lieber zwei Mal Weihnachten und Geburtstag feiern, sodass die Kinder gelassen im Mittelpunkt stehen können.
Ähnlich ist es mit Anlässen in der Schule oder in Vereinen, bei denen die Eltern ihre Kinder beobachten und erleben können. Eine Theateraufführung, ein Fußballspiel, ein Klassenbesuch. Ein Musikstück vorzutragen im Bewusstsein, dass Mutter und Vater unter den Zuschauern sind und sie sich womöglich wieder streiten könnten, ist irritierend. In der Klasse zu sitzen und sich auf den Unterricht zu konzentrieren und dabei die Eltern sehen, die in Streit geraten könnten, ist sehr schwierig. Zum Wohl der Kinder ist es lohnend, sich bei solchen Anlässen abwechselnd zu beteiligen, solange die Wallungen der Paartrennung nicht abgeflaut sind.
Fragen Eltern die Kinder, was sie diesbezüglich wünschen, besteht die Gefahr, dass die Antwort der Kinder mehr dem Wunsch der Eltern entspricht als ihren wirklichen Gefühlen. Sie wollen ja lieb sein zu den Eltern. Fragt ein Elternteil ein Kind und will ihm versprechen, dass es sicher zu keinem Streit kommt, kann er nur für sich reden, in der Trennungsspannung nicht auch für den anderen etwas versprechen. Man möchte so sehr, aber dem Zerwürfnis sollte man nicht trauen.

Und wie soll man die Elterngespräche in der Schule zwischen Lehrperson, Eltern und Kind handhaben, wo es um Noten und die Promotion geht? Ein gewisses Maß an Spannungen ist sicher möglich, weil das Kind nichts aufführen muss und die Lehrperson moderieren kann. Aber nur ein gewisses Maß an Spannung. Ist dies für die Eltern zu schwierig, so sollte sich derjenige Elternteil am Elterngespräch beteiligen, der das Kind im Alltag mehr bei den Hausaufgaben und Schulangelegenheiten begleitet. Der andere Elternteil muss verzichten! Er kann separat mit der Schule Kontakt aufnehmen. Trennung ist für die Schulen Alltag, sie können damit umgehen.

Kontakt zu Einrichtungen der Fremdbetreuung und zu Ausbildungsstätten

Egal, wem die Obhut der Kinder zugeteilt ist, beide Eltern haben das Recht, mit Einrichtungen der Fremdbetreuung und Ausbildungsstätten Kontakt aufzunehmen und zu erfahren, wie es den Kindern dort geht. Schulen sind darauf eingestellt.
Alltagsfragen wie Hausaufgaben, Schulweg, gesundes Pausenbrot oder geeignete Kleider für den Sportunterricht kann bei großen Spannungen jeder Elternteil für seine Kinderzeiten selbst mit der Schule besprechen.
Schwieriger zu beurteilen ist die Frage, wer wie viel Einfluss und Entscheidungsrecht bezüglich Übertritt in eine nächste Schulstufe oder der Repetition einer Klasse hat. Unter sich trennenden Eltern kann dieses Thema ein großes Konfliktpotenzial bergen. Faktisch gesehen, wird die Wichtigkeit der Eltern in diesem Punkt meistens überschätzt. Im schulischen Alltag sind es ja die Kinder, die zusammen mit der Schule die Fakten schaffen. Zudem sind die Wahlmöglichkeiten in der Praxis recht eng geregelt, weil sich die Schulen an vorgegebene Kriterien halten müssen. Trotzdem sind es die Eltern, die in den unteren Schulstufen solche Entscheide tragen. Eltern können, wenn es gar nicht anders geht, auch getrennt mit der Schule Gespräche führen und im Hintergrund per Mail kommunizieren.

Entscheide über Sekundarschule, Gymnasium oder Lehre sollten altersgemäß vorwiegend von den Kindern und Jugendlichen getroffen werden. Denn sie sind es, die später den mit der Wahl verbundenen Alltag bewältigen und die geforderten Leistungen erbringen müssen. In der Trennungsspannung ist die Tendenz festzustellen, dass Eltern ihre Wichtigkeit in dieser Frage über-

schätzen. Verlustängste verbunden mit einer unterschwelligen Konkurrenz der auseinanderdriftenden Eltern um ihre Wichtigkeit für die Kinder können sich einschleichen. Hier gilt es zu beachten, dass Schule und Ausbildung viel mehr im alltäglichen Leben geprägt werden als in Szenarien zu diesbezüglichen Entscheiden. Wichtig ist auch, zu sehen, dass solche Entscheide nicht das ganze Leben der Kinder prägen. Kinder haben es später immer wieder selbst in der Hand, einen Schritt in eine höhere Ausbildung zu machen oder es bleiben zu lassen. Während einer Trennungsphase kann die Konzentration auf die Schule nachlassen, können die Noten sinken. Wird es ruhiger, können Kinder wieder aufholen. Pragmatismus statt Verlustangst und Prestige hilft hier den Kindern mehr.
Bei Kontakten mit den Kitas muss beachtet werden, dass hier Verträge zwischen zwei Parteien zugrunde liegen. Grundsätzlich sollten beide Elternteile ihr Austausch- und Informationsrecht wahrnehmen können, auch wenn nur der eine Elternteil Vertragspartner ist. Alltagsabsprachen sollte jeder Elternteil für seine eigenen Kinderverantwortungszeiten selbst machen können (wer bringt und holt ab, wer ist im Notfall zuständig?).
Ab und zu sollte man über die gemeinsamen Kinder sprechen und sich austauschen können. Einiges muss einfach besprochen sein. Unter vier Augen oder telefonisch ist das oft schwierig. Allenfalls könnte man versuchen, sich in einem Restaurant oder Café zu treffen, wo man mit der Tonlage moderat bleiben muss und die Dauer des Treffens zeitlich beschränkt wird, vorerst vielleicht auf zwanzig Minuten.
Wenn das nicht geht, kann man sich schriftlich austauschen. Oder man beansprucht dafür eine Familienberatungsstelle.

Geschwister gehören zusammen, aber nicht unbedingt

Geschwister können sich, je nach Konstellation, in Trennungsphasen eine große Hilfe sein. Sie sind eine eigene Gemeinschaft von Zuneigung und Geborgenheit (auch wenn sie oft streiten), sie sind eine eigene Fraktion in der Familie. Zusammenbleiben ist eine Konstante in einer Umwälzung. Aber sie müssen nicht unbedingt zusammenbleiben. Sie sind nicht unbedingt aufeinander angewiesen, sie sind eine Art selbstorganisierte und eigenwirksame Wesen. Das Bild der untrennbaren Geschwister gehört auch zu den sich in der Trennungsphase verdichtenden Verlust- und Auflösungsängsten der Eltern, zu ihrem Kummer um die Kinder. Geschwister bleiben Geschwister in ihrer eigenen Dynamik, je nach Konstellation. Außerfamiliäre Kinder können ebenfalls große Wichtigkeit haben.

Je nach Situation kann es sinnvoll sein, dass auf individuelle Bedürfnisse der Kinder eingegangen wird. In Zeiten vor Trennungen suchen sich Jugendliche oft eine «zweite Familie» bei Gleichaltrigen, ihren Freunden. Diese gehen mit ihnen in die Schule, leben im aktuellen Quartier. Die jüngeren Kinder ziehen um, das älteste bleibt im Quartier. Auch kann es sein, dass sich ein Kind, einfach weil es seinem Wesen entspricht, bei Mutter oder Vater weniger wohl fühlt. Bei Elternzeiten mit größeren Abständen, beispielsweise bei vierzehntäglichen Besuchszeiten an den Wochenenden, kann ein Kind den temporär abwesenden Elternteil sehr vermissen. Zeichnet sich dies ab, sollte dem Kind die Gelegenheit gegeben werden, den familiären Alltag allenfalls auch getrennt von den Geschwistern zu leben.

Stellt sich noch die Frage, ob sich Eltern, die glauben, ohne Kinder nicht leben zu können, die Kinder «aufteilen» sollen. Sind sich Eltern sicher, dass diese Frage frei ist vom Paarzwist, frei von Siegen-Wollen und gegenseitigem Schaden-Zufügen und ohne Gefahr, dass die Kinder zu Spielbällen werden, kann das Aufteilen eine Option sein. Zufriedene Eltern können genau so wertvoll sein wie das Teilen des Alltags mit den Geschwistern.

Unterhalt, Geld

Ideal für Kinder ist, wenn die Eltern nach der Trennung etwa gleich arm oder reich sind, zumindest im Zusammenleben mit den Kindern. Dass ungefähr gleich viel für Essen, Kleider und Freizeit, Kultur ausgegeben werden kann. Sind Eltern unterschiedlich wohlhabend in die Beziehung gegangen, hat ein Elternteil schon geerbt oder viel gespart, sollte der reichere Teil für einen Ausgleich

sorgen, damit das Lebensgefühl der Kinder nicht aus dem Gleichgewicht gerät. Er tut es auch in seinem eigenen Interesse, damit die Kinder ihn positiv wahrnehmen. Kann man mit dem Vater immer tolle und teure Ausflüge machen, reicht es jedoch bei der Mutter kaum für einen Kinobesuch, wird der Vater in den Augen der Kinder irgendwie zum Geizhals oder zu demjenigen, der die Mutter immer übertrumpfen muss. Dies könnte zu einem unguten Gefühl der Kinder ihm gegenüber führen, auch wenn die Kinder es sich nicht anmerken lassen.
Kinder können aber auch damit leben, dass der eine Elternteil diesbezüglich tüchtiger ist oder andere Prioritäten lebt, es unterschiedlich ist. Das sind dann verschiedene Lebensmodelle. Trotzdem sind die Kinder sicher froh, wenn Geld nicht dauernd die Währung für den Fight auf der Ex-Paar- Ebene darstellt.
Im Weiteren möchte ich hier an das Kapitel *Ein Trennungsweg, der Paar- und Elternebenen möglichst zu trennen hilft* erinnern. Rasch eine Einigung finden, die plus/minus fünf Prozent aufgeht, ist besser, als lange um den letzten Zehner zu kämpfen. Sicher ist es für die Kinder gut, wenn die finanziellen Mittel möglichst klar auf die Lebensfelder aufgeteilt werden. Voraussehbares wie Taschengeld, Kosten für Kurse, Freizeit und ÖV sollten dem Familienteil zugeteilt werden, wo diese Kosten im Alltag auch anfallen. Kinder sind Eltern dankbar, wenn bei finanziellen Kleinfragen nicht immer die Frage nach der elterlichen Zuständigkeit in der Luft liegt: «Eigentlich müsste der Vater das Busbillett bezahlen» und ähnliche Aussagen.

Für unvorhergesehene Kosten wie Zahnarzt, Sprachaufenthalt, besondere Anschaffungen für ein Hobby und Ähnliches sollte ein Kostenschlüssel festgelegt werden, der für beide Eltern tragbar und verhältnismäßig ist.

Notfälle

Notfälle werden kommen. Zum Beispiel medizinische: ein gebrochener Arm, vierzig Grad Fieber usw. Oder ein Zug ist entgleist, man hat eine Stunde Verspätung, die Kinder stehen vor der ge-

schlossenen Tür. Im Geschäft gibt es einen Wasserbruch, man muss dringend dorthin.
Schon in der gemeinsamen Zeit geben Notfälle bei Eltern oft Anlass zu Spannungen und gegenseitig unguten Gefühlen. Es sind gewissermaßen Momente der Wahrheit, die zeigen, wie fürsorglich und einfühlsam oder kalt und unsensibel der andere Elternteil ist. Für den einen Elternteil ist ein gebrochener Arm ein großes Unglück, für den anderen ist es nur etwas, das weh tut. Ein Elternteil könnte einen Erstklässler niemals auch nur zehn Minuten unbeaufsichtigt vor der Haustür stehen lassen, der andere denkt, das Kind kann gut einmal im Treppenhaus sitzen und warten, zudem gibt es ja noch Nachbarn. Ein Elternteil würde niemals eine Drittklässlerin mit dem Bruder im Kindergartenalter eine Stunde allein in der Wohnung lassen, der andere schaltet ein Video ein und befiehlt, sich ruhig zu verhalten.

Notfälle sind Momente, in denen die Eltern Trost geben, pflegen, für das Kind da sein müssen, was echtes Elternsein bedeutet. Es sind oft auch Situationen, in denen es darauf ankommt, das Richtige zu tun, wo keine Fehler zum Unglück dazukommen dürfen. Entscheidende Momente. Episoden von Notfällen werden später oft erzählt, um aufzuzeigen, wie unmöglich der andere Elternteil ist.

Nach einer Trennung kann dieser Leitgedanke zum Elternsein, «ich bin immer für meine Kinder da», nicht mehr vollumfänglich funktionieren.
Wie erleben Eltern, wie erleben Kinder Notfälle? Sicher sehr unterschiedlich. Dies lässt sich an einer häufig erlebten Szene zeigen: Ein Kind stolpert, fällt hin, schürft sich das Knie auf. Erst weint es nicht, schaut um sich. Ist ein Elternteil im Blickfeld, beginnt es zu weinen, allenfalls fürchterlich. Ist kein Elternteil sichtbar, nur die Gleichaltrigen, die drauf und dran sind, die Rutschbahn schneller zu erreichen, steht das Kind auf und humpelt hinterher. Ein Kind, das den Arm gebrochen hat, hat Schmerzen, ist «reduziert», stark mit sich selbst beschäftigt, mit dem Schmerz, lässt sich anleiten und verarzten. Kinder warten in der

Regel sehr zuverlässig vor einer verschlossenen Tür, irgendwie beschäftigen sie sich, von Angst sprechen sie nachher kaum, allenfalls von Hunger oder Langeweile. Kinder, die mal allein gelassen werden müssen und sehr ermahnt werden, zuverlässig zu sein, sind dann zuverlässig. Gedanken von Gefahr, Angst und Unverantwortlichkeit kennen die Eltern, nicht die Kinder. Kinder sind in Notfällen, wie die Erwachsenen, allermeistens sehr zuverlässig und vernünftig. Sie erleben in solchen Fällen ein Abenteuer, in dieser Art werden sie es später denn auch erzählen.
Man kann also sagen, dass es vielmehr ein elterliches Bedürfnis ist, in Notfällen da zu sein und dem Kind das Unerlässliche zu geben. Da spielt auch der Satz «Ich darf nichts verpassen» eine Rolle. Ich glaube, Kindern ist es recht, wenn in Notfällen die Eltern dabei sind, aber eigentlich haben sie dazu keine Meinung und kaum ein Gespür. Wichtig ist ja, dass irgendjemand, Nachbar, Lehrerin oder Sanitäter, zuverlässig das Nötige macht und gewährleistet. Dieser Person schenkt das Kind aus der Situation heraus das Vertrauen oder lässt zumindest das Nötige geschehen, auch wenn diese Person nach Knoblauch riecht oder schweißige Hände hat. In Nachhinein hat es dies kaum bemerkt, oder es wäre dann einfach eklig gewesen. Ich möchte hier auch erwähnen, dass Kinder Eltern gegenüber sehr bestätigend reagieren, wenn diese das Kind, das schon auf einer Bahre liegt, fragen, ob sie mitkommen sollen. Kinder erfüllen in solchen Momenten den Wunsch der Mutter oder des Vaters, denen im Gesicht geschrieben steht, dass sie mitkommen wollen. Wie sollten die Kinder da auch sagen, dass es nicht so wichtig ist für sie. Weil Eltern in Notfallsituationen oft sehr unterschiedlich reagieren, wäre es für ein Kind oft erleichternd, wenn es sich zusätzlich zu den Schmerzen nicht auch noch mit den Fragen und Gefühlen der Eltern beschäftigen müsste. Es könnte es ja mit seinen Feedbacks, einmal mehr, nicht beiden Eltern recht machen.
Bei Notfällen im Sinne von Verspätungen und dringendem Weggehenmüssen besteht bei getrennt lebenden Eltern auch die Gefahr, dass alte Gefühle aufgewärmt werden. «Er/sie macht es sich leicht, ist nicht zuverlässig, und ich muss immer einspringen.» «Es ist nicht auszuhalten, wie kalt er/sie mit dem Kind um-

geht, wie unsensibel.» «Das war doch kein Notfall, er/sie will doch nur, dass ich mir ein schlechtes Gewissen mache.»

Notfälle und Trennung. Am besten vereinbart man, dass jede Seite ihre Notfallszenarien selbst plant. Bei medizinischen Notfällen soll der andere Elternteil erst informiert werden, wenn die Notversorgung gemacht ist. Beispielsweise: «Das Kind ist gestürzt, wir sind nun in der Notfallstation des Spitals, man kann es in zwei Stunden besuchen…» Für Verspätungen oder dringendes Weggehenmüssen sollte man sich vorsorglich in der Nachbarschaft organisieren. Wenn der andere Elternteil das Bedürfnis hat, zu wissen, wer die «Notfallperson» ist, sollte man diesem Wunsch stattgeben. Man muss aber auch wissen, dass dies nur Absichtserklärungen sind und es in einem Notfall ganz anders gehen kann. Dem anderen Elternteil muss unbedingt das Vertrauen gegeben werden, dass in einem solchen Fall in guter Weise improvisiert wird.

Allfällige Hilfe von außen

Sehr häufig ist es Eltern ja kaum möglich, sich in oder nach einer Trennung noch gemeinsam von einer Familienberatung begleiten zu lassen. Helfen würde es, aber das ist der Idealfall. Jeder Elternteil kann sich aber selbst Unterstützung holen für seinen Part. Durch die Trennung werden die Eltern ja mehr eigene Zeit haben, allein oder zusammen mit den Kindern. Egal, was der andere Elternteil macht, seinen eigenen Part kann man selbst gestalten.

Ein Teil dieser Beratung kann beinhalten, dass man herauszufinden versucht, mit wem man es bei der Ex-Partnerin oder dem Ex-Partner eigentlich zu tun hat. Es ist ja klar, dass man sie oder ihn nicht ändern kann und sie oder ihn einigermaßen gewähren lassen muss. Ein Teil kann sein, herauszuschälen, wie man nun in der Trennung am besten mit ihr oder ihm umgeht. Man kann zum Beispiel eine Idee haben und diese nur ansatzweise andeuten, damit er dann selber aus Überzeugung auf die gleiche Idee kommen kann, weil er ja immer recht haben muss. Ihr besser sagen, dass es toll ist, wie sie es gemacht hat, auch wenn man es nur halb so toll findet, weil Kritik sie störrisch macht. Den Kindern ihre Sonnencreme einstreichen, weil sie darauf besonderen Wert legt, auch wenn man es selbst nicht für nötig hält. Klug mit dem anderen Elternteil umgehen, weil man ja weiß, mit wem man mal Kinder gezeugt hat. Nicht hauptsächlich für sich, sondern für die Kinder.

Ich plädiere dafür, dass die Kinder nicht quasi vorsorglich in eine Therapie geschickt werden, sondern dass sich primär die Eltern bemühen, ihre Sache möglichst gut zu machen. Gehen die Kinder statt die Eltern in eine Therapie oder Beratung, geraten sie in den zentralen Fokus des Konflikts. Sie geraten in eine zwar nicht so ausgesprochene oder gedachte, aber sich so ergebende «Aufgabe», es gut machen zu müssen, für die Familie, für die Eltern. Sie werden zum Gradmesser des Konflikts, zum lebenden Symptomträger. Die Gefahr ist groß, dass die Kinder in eine doppelbödige Rolle geraten. Einerseits sollen sie in der Therapie mitmachen, damit sie möglichst wenig unter der Trennung leiden und zu sich selbst schauen. Andererseits können Eltern auf der Ex-Paar-Ebene «munter» weiterstreiten mit dem Gefühl, für das Wohl der Kinder werde ja gesorgt.

Eltern sind nicht bösartig, aber das so schwierige Auseinandergehen eines ehemaligen Liebespaares verleitet manchmal zu Gehässigkeiten. Jugendliche können nötigenfalls allein in eine Beratung gehen, wenn sie sich als genügend eigenständig fühlen. Irgendwann, wenn sie gegen sechzehn Jahre alt sind, sind sie soweit.

Weiß jemand, dass er wegen der Trennung in psychische Schwierigkeiten geraten kann, sollte er für sich psychologische Unterstützung holen. Das ist keine Niederlage gegenüber dem anderen Elternteil, sondern eine Folge davon, dass man es gewagt hat, eine Familie zu gründen, und die Geschichte nun einen schmerzlichen Weg nimmt. Merkt man, dass die Trennung an der eigenen Person nagt, dass man dadurch geneigt ist, die Kinder für sich zu instrumentalisieren, dass man ins Flattern kommt und um die Kinder herum fahrig und launenhaft wird, sollte man für sich unbedingt Hilfe holen.

Die Umsetzung

Die Trennung ist beschlossen oder widerwillig akzeptiert. Schritte werden nun konkret umgesetzt. Mit welcher Grundhaltung überstehen die Kinder diese Phase am besten? Wenn es geht, besonders für den sich unfreiwillig trennenden Elternteil, lässt man es die Kinder als ein Abenteuer erleben, als einen neuen Weg in die Zukunft. Es tut den Kindern gut, wenn sie, je nach Alter, die Veränderungen miterleben, mitgestalten und mitbestimmen können.
Ist ein Mietvertrag unterschrieben, kann man den Kindern den Ort zeigen und darüber reden, wie sie von da in die Schule gehen, den Weg zwischen den Eltern machen können. Man kann Pläne mit den Kindern anschauen und besprechen, wie die Wohnung eingerichtet wird, was sie mitnehmen, was nicht.

Bei der Vorbereitung auf den Umzug sollten die Eltern darauf achten, dass die Kinder den Umzug nicht als Ausziehen aus der bisherigen Wohnung empfinden, sondern als Beziehen eines zweiten Zu Hauses. Die Eltern sollten den Kindern im Voraus sagen, was wechselt und was nicht. Die Kinder können so ihre Sachen entsprechend aussortieren und Umzugskartons füllen.

Die Kinder dürfen sich freuen können, auch wenn es für die Eltern eine Katastrophe ist.

Am Anfang der Trennungszeit

Kinder sind keine Opfer und wollen es auch nicht sein

Die Trennung ist vollzogen, die zweite Wohnung bezogen, der eine Elternteil ist ausgezogen, wohnt nicht mehr am alten Ort. Die Kinder leben nun da und dort, die Familie lebt an zwei Orten. Das familiäre Wunschgefühl ist real nicht mehr existent. Die Kinder erleben nicht mehr tagtäglich Mama und Papa, pendeln hin und her. Ist ihre Familie auseinandergebrochen, hat sie sich auseinandergelebt oder ist sie auseinandergezogen? Alles ist irgendwie neu, anders, eine gewisse Tristesse ist greifbar, hat sich eingeschlichen, auch bei den Kindern. Und nicht nur beim «verlassenen» Elternteil, auch beim sich befreienden.

Bei allen Gefühlen, die sich bei den Eltern, Großeltern oder nahen Freunden in dieser Situation melden: Die Kinder sind keine Opfer. Sie sind und wollen keine Trennungs- oder Scheidungsopfer sein. Für sie ist es nur eine große Veränderung.

Wieso betone ich das? Spürt und sieht man ein Kind als Opfer, begegnet man ihm auch wie einem Opfer: mitleidig. In Gesichtsausdruck und Stimme, auch in Reaktionen auf die Kinder schleichen sich diese Gefühle ein. Diese lesen diese Feedbacks als Zeichen von Bedauern, dass mit ihnen etwas nicht in Ordnung ist und haben – wie beschrieben – die Tendenz, Grund und Schuld bei sich zu suchen. Zur großen Umstellung mit den vielen Herausforderungen gesellt sich das Gefühl, nicht zu genügen, es falsch zu machen.

Auch wenn Eltern merken, dass es die Kinder nach der Trennung nicht einfach haben, dass sie leiden, mit dem Neuen hadern, macht es in der Grundeinstellung doch einen großen Unterschied, ob man die Kinder als Opfer sieht oder als junge Menschen, die versuchen, mit einer großen Umstellung irgendwie umzugehen und zurechtzukommen.

Nicht alles ist Trennung

Und, wichtig, nicht alles, womit Kinder Mühe haben, ist wegen der Trennung. Kinder leben in ihrem Alltag als Kitakollege oder -kolle-

gin, Schüler oder Schülerin, sie sind sich selbst in ihrer eigenen Entwicklung, sind im Kinderzimmer Geschwister mit einer eigenen Dynamik und direkt Sohn oder Tochter mit dem gerade anwesenden Elternteil. Das ergibt Konflikte aus diesen Beweggründen. Das Bewusstsein der Kinder ist – anders als bei ihren frisch getrennten Eltern – im Hinterkopf viel, viel weniger von der Trennung geprägt.
Kinder leben mehr im Hier und Jetzt, frisch von der Leber weg. Man wird den Kindern nicht gerecht, wenn man alles Schwierige über die Leiste Trennung schlägt. Rasches Fokussieren auf die Trennung bei der Suche nach Ursachen von Schwierigkeiten, macht aus normalen Kindern Trennungs- und Scheidungskinder. Das mögen sie nicht.
Besonders möchte ich auf Folgendes hinweisen: Kinder haben die Tendenz, in spannungsgeladenen Zeiten eigene Bedürfnisse zurückzustellen. Ihr eigenes «Funktionieren» als Familienmitglied in der Anbahnungszeit einer Trennung konzentriert sich auf das Zurechtkommen in der verzwickten Situation. Vor allem Entwicklungsschritte um die eigene Autonomie stellen sich hinter Anpassungsleistungen. Ist die Anspannung weg, Ruhe bei Mama, Ruhe bei Papa, kann es sein, dass sich dann ihre Bedürfnisse melden. Aus Buben können Bengel werden, die frech sind und vieles nun selbst machen wollen. Aus Mädchen können kleine Fräuleins werden, die sich zickig verhalten. Insbesondre können Jugendliche ungehorsam, verschlossen oder aufmüpfig werden, rebellisch.

Es sind ganz natürliche Entwicklungsschritte, die auch in einer zusammenbleibenden Familie ausgehandelt werden müssten. Nun hat es dafür Platz.

Trösten

Besonders in der ersten Zeit ist es möglich, dass die Umstellung Eltern wie Kindern zu schaffen macht, sich Traurigkeit, Wut oder gar Verzweiflung bemerkbar machen. Traurig, frustriert und enttäuscht sein, gehört dazu, man kann es nicht überspielen. Wie

stark man auch ist, zu jedem Abenteuer gehören auch entmutigende Momente. Dass es einmal emotional werden muss, gehört zu einer Trennung. Eltern müssen diese Gefühle und Gefühlsausbrüche nicht sofort bewältigen und erzieherisch in den Griff bekommen.
Was kann man machen? Trösten, einfach nur trösten und zulassen, was da kommt, ihm Platz und Zeit geben. Ruhig und vielleicht streichelnd oder haltend dabei sein, zuhören, ohne zu diskutieren und entgegenzuhalten. Vielleicht nach dem Schmerz fragen, allenfalls ein paar tröstende Worte geben und nach einer Weile sagen, dass es schon wieder besser wird, schon wieder gut kommt (auch wenn man selbst noch längst nicht über den Berg hinaus sieht). Bei einem Frustausbruch, wenn das Kind tobt vor Wut, ist es hilfreich, dies erst einmal hinzunehmen, es nicht gleich zu unterbinden versuchen. Vielleicht kann man etwas später versuchen, dem Kind zu helfen, Worte für den Frust zu finden. «Das war, weil dir nun der Papa fehlt? Oder du nicht mehr neben deinem besten Freund lebst? Oder…?» Und dann vielleicht: «Das tut mir leid.» Etwas einfach mal aussprechen, nur aussprechen, nicht behandeln, wirkt tröstend.

Kinder können Eltern auch trösten. Es lässt sich nicht vermeiden, auch Eltern schüttelt es, sie weinen, müssen den Kindern ihr Elend zeigen. Es gibt Kinder, die verziehen sich in solchen Momenten, wollen und können es nicht ansehen. Andere Kinder müssen dann etwas tun, sie sind mit den Eltern solidarisch, wollen sich nützlich machen können. Eltern dürfen sich von den Kindern trösten lassen. Sich zusammen auf dem Sofa einkuscheln, Nähe leben, zusammen Tee trinken und schluchzen. Die Kunst dabei ist aber, dass die Worte der Eltern nicht schuldverteilend und anklagend gegen den anderen Elternteil sind. Dass sie trotz der Traurigkeit diesbezüglich neutral bleiben. Auch wenn den Eltern der Trost des Kindes nicht viel hilft, dem Kind tut es gut, vor allem, wenn es nach einer Weile hört: «Danke, das hat gutgetan, das war schön.» Kinder benötigen aber auch entlastende Worte. Die Eltern müssen ihnen klar sagen, dass sie schon selbst zu sich schauen.

Elterliches «Elend» kann nicht mit den Kindern geteilt werden

Bleiben wir beim elterlichen Elend. Dass dieses zu Beginn einer Trennung mindestens einen Elternteil ergreift, ist sehr wahrscheinlich. Es kann auch nicht verborgen bleiben. Und wie oben beschrieben, können auch Kinder zum Ausdruck bringen, dass es ihnen nicht gut geht und dass sie traurig sind. Kinder und Eltern geht es gleichermaßen schlecht, die Versuchung ist groß, dass man sich zusammenschließt, das Elend teilt. Man kann zwar zusammen traurig sein. Aber Eltern müssen sich immer bewusst sein, dass die Kinder nicht das gleiche Los teilen. Kinder haben vielleicht ein Stück Heimat und Geborgenheit verloren, haben Zeiten mit dem anderen Elternteil eingebüßt, haben vielleicht das Quartier und die Schule gewechselt, sind weniger mit ihren Kolleginnen zusammen. Ihr Leben hat sich verändert. Eltern hingegen haben eine Beziehung, eine Ehe verloren und geraten häufig in Einsamkeit. Ihr Leben hat sich grundsätzlich verändert, und meistens hat ein Elternteil das Gefühl einer tiefen Verletzung.

Man ist als Elternteil mit den Kindern in den gleichen Räumen, und die Stimmung ist bei allen irgendwie ähnlich. Trotzdem ist man als Erwachsener allein in diesen Stunden und fühlt sich vermutlich auch allein. Der Kummer ist ein anderer als der der Kinder, er kann nicht geteilt werden. Die Versuchung ist groß, das Gefühl von Ungerechtigkeit im Familienalltag mit den Kindern zu teilen. Es gibt ja in der Wohnung niemand anderes als die Kinder. Zumal diese die Nächsten sind, sie stehen nun familiär am nähesten.

Bei den Kindern Solidarität zu suchen, aus ihnen Verbündete der eigenen Misere und Sorgen zu machen, sollte möglichst vermieden werden. Kinder geraten dadurch unweigerlich in einen Loyalitätskonflikt.

Die Eltern müssen in einer solchen Situation Solidarität und Mitgefühl außerhalb ihrer engsten Familie suchen, sich entsprechend organisieren. Ich verweise diesbezüglich auf das Kapitel *Der erste wichtige Gedankengang: Was bleibt…*

Dennoch, Kinder, auch wenn ihnen Teile der Trennung nicht leicht fallen, können nicht immer betroffen sein, sind nur partiell

Eltern und Kinder in unterschiedlicher Grundstimmung

betrübt. In ihrem Hier und Jetzt leben sie mehrheitlich ihre eigene Zufriedenheit, die echt ist, ihre eigenen Stimmungen. So müssen es Eltern aushalten, dass sie ihre eigene Tristesse spüren, ihre Nachdenklichkeit in ihren Augen steht, neben ihnen aber die Kinder zufrieden spielen, zufrieden sind. Die anwesenden Familienmitglieder sind in sehr unterschiedlicher Grundstimmung. Ein Mitschwingen in der Trübsal als Solidarität können Kinder nicht leben. Sie teilen und bestätigen das «Elend» der Eltern im Alltag nicht. Sie sind in einem Abenteuer, einer anderen, in ihrer Geschichte.

Probleme dürfen sichtbar werden

Trennung hat bei den Eltern immer auch mit Schuldgefühlen zu tun. Die Trennung ist nicht einfach wie ein Gewitter, in das man geraten kann. Sie ist eine Erschütterung, die aus einer selbst gelebten und gestalteten Geschichte kommt. Der Druck ist deshalb oft groß, dass es ganz normal weitergehen muss, nichts sichtbar werden darf. Insbesondere der die Trennung forcierende Elternteil spürt diesbezüglich einen zusätzlichen Druck. Zeigen die Kinder Anzeichen, dass sie leiden, kann der andere Elternteil, ihm vorwerfen, dass er oder sie an diesem Leiden schuld sei.

Es lässt sich aber kaum vermeiden, dass die Kinder, besonders am Anfang der Trennung, in der Schule oder draußen mit anderen Kindern sich in irgendeiner Art auffällig benehmen. Festhalten kann man, dass sich dies, wenn die Trennung einigermaßen fair für die Kinder abläuft, bald wieder beruhigen wird. Es ist eine Übergangszeit. Es kann sinnvoll sein, Drittpersonen aus Kita und Schule über die Trennung zu informieren. So können sie gewisse Aussagen und verändertes Verhalten richtig einschätzen. Trennungen sind nicht mehr etwas Seltenes. Fachpersonen solcher Institutionen kennen die Probleme und können das nötige Verständnis und eine gewisse Toleranz für die Kinder aufbringen.

Erste Reaktionen sind nicht schon ein Störungsbild

Die meisten Kinder zeigen auf eine Art Reaktionen auf eine Trennung: Verweigerung, Aggressivität, Verstocktheit und seltsame Äußerungen, irgendetwas. Ich plädiere dafür, dass diese Reaktionen nicht gleich als «psychisches Störungsbild» betrachtet und eingestuft werden. Wer in ein Gewitter geraten ist, ist eine Zei lang erschüttert. Das legt sich wieder. Zuerst soll die Selbstorganisation der Kinder und ihrer Familie Wirkung entfalten können, mit ihrer Kraft, Schwierigkeiten zu lösen.
Gut gemeinte psychologische Interventionen, rasches Intervenieren haben eine problematische Seite. Sicher, einerseits bekäme das Kind rasch Hilfe, um mit seinen Gefühlen besser umgehen zu können. Andererseits verändert sich, wenn das Kind in eine Therapie geht, seine Stellung im nonverbalen Kommunikationskontext. Wie schon oben beschrieben, gerät es rasch in die Rolle des Symptomträgers. Die Familie fokussiert sich auf die «Auffälligkeit» des Kindes und wendet sich ab von den Trennungsschwierigkeiten, die die ganze Familie hat, insbesondere von den Verwirrungen auf der Ex-Paar-Ebene. Das Kind wird auf eine Art verantwortlich für die Schwierigkeiten und zum Gradmesser.

Geht ein Kind in eine Therapie, ergibt sich meistens ein Bedeutungsmissverständnis zwischen den Eltern/Erwachsenen und dem Kind. Die Eltern/Erwachsenen gehen davon aus, dass ein Kind weiß oder erfassen kann, was es in der Therapie machen soll. Kinder können sich aber nicht wirklich in ihrem Fehlverhalten, in ihrem «Falschsein» erkennen, es bleibt ihnen ein Rätsel.

Sie können sich kein eigenes Ziel für die Therapie geben, kein Konzept dafür denken. Kinder gehen mehr dorthin, weil es die Eltern wollen, als für sich selbst. Kinder versuchen, es recht zu machen, mehr für die Eltern und den Therapeuten als für die Sache an und für sich. Kinder wissen nicht recht, was sie dort sollen. Das ganze Prozedere, die Therapiestunden zu organisieren, dorthin zu gehen und Zeit frei zu machen, um es zu begleiten, sind zwischen Kind und Eltern dabei das Sichtbarste. Die Eltern tragen die Verantwortung für die Therapie. Sie wollen zur Besserung etwas beitragen und müssen Rückmeldungen zum Verlauf geben, indem sie es im Alltag besser beobachten. Eltern werden zu einer Art «Nebentherapeuten». Ihre Blicke gegenüber dem Kind werden zunehmend prüfend. Das Blick- oder Mimikspiel im täglichen Umgang miteinander bekommt zusätzlich etwas Prüfendes und Skeptisches, für Kinder oft Misstrauisches. Das kann Kinder verunsichern und Schuldgefühle verursachen, weil sie nicht recht begreifen, was sie richtig machen sollen. In dem Sinn kann eine Therapie vordergründig stärken, aber im Familienkontext schwächen und verunsichern. Zur Unsicherheit wegen der Umstellung des Beziehungsgeflechts aufgrund der Trennung kommt noch diese Unsicherheit dazu.
Am Anfang einer Trennungszeit kann man stürmische Reaktionen als normale Verwirrtheit auffassen.

Zwei Familienkulturen leben und Vertrauen in die andere Wohnung mitgeben

Mit der vollzogenen Trennung leben die Kinder im Alltag in der einen und der anderen Wohnung. Ein, zwei, drei Tage und Nächte nicht bei Vater, nicht bei Mutter. Was machen sie beim andern, wie geht es ihnen? Meistens ist das Vertrauen zum anderen Elternteil leicht angeschlagen, ja bis auf das Minimum reduziert. Man macht sich mehr Sorgen um die Kinder als vorher, es ist so anders und neu. Zwei Familienkulturen, was heißt das? Die Salatsaucen sind anders, der Wert von Schulnoten ist anders, Unterwäsche wird unterschiedlich lang getragen, das Reagieren auf eine kleine Blessur ist anders, der Begrüßungskuss ist anders.

Nun leben die Kinder verstärkt mehr wie die Meiers hier und mehr wie die Müllers da, oder mehr luzernerisch-huberisch und ausgeprägter iltalienisch-russisch (je nach Herkunft und Wurzeln der Elternteile) oder mehr so, wie die Schwiegermutter es immer wollte.
Dazu ist als Erstes zu sagen: Kinder kommen mit beiden Eltern und Familienseiten zurecht, wie beschrieben im Kapitel *Kinder haben beide Seiten der Eltern.* Kinder haben die Fähigkeit, auch wenig geschickten Eltern das abzuringen, was sie benötigen. Und, das werden viele nicht gerne hören: Kinder brauchen es oft nicht so perfekt, wie Eltern oft meinen. Zudem passen sich in der Regel Eltern, wenn sie allein mit den Kindern sind, diesen mehr an als vor der Trennung, als sie als zerstrittenes Elternpaar mit den Kindern lebten. Den Kindern sind beide Seiten recht, sie tragen beide Seiten in sich. Gewiss, es braucht Nerven, ist ungewohnt, benötigt Umstellung. Trennung birgt die Konsequenz zeitweiser Ohnmachtsgefühle von Nicht-tun-Können in sich, nicht dabei sein zu können, die andern gewähren lassen zu müssen, keinen Einfluss zu haben. Es ist sicher gut, sich dessen klar zu werden, dies als klare Konsequenz einer Trennung zu akzeptieren.
Hier kann man erkennen, dass die Kinder nicht im gleichen «Kampf» wie die Eltern stehen. Die meisten Eltern geraten im Verlauf der Ehe in ein Duell um die Familienkultur mit all ihren feinen Facetten, von der Salatsauce bis zum Begrüßungskuss. Dabei ge-

Die Kinder haben es gut mit Vater

raten sie in den Glauben, in ein Bewusstsein, dass ihre eigene Art sehr wichtig für das Gedeihen der Kinder sei, und involvieren damit ihre Kinder in diese Auseinandersetzung. Kinder hingegen neigen nicht dazu, bei diesem Duell mitzumachen. Sie machen eine andere Rechnung, leben mit einer anderen Intention. Sie wollen nur zurechtkommen, es sowohl da wie dort schön haben, angenommen werden und Wertschätzung erfahren, es gut haben, kindlich und naiv.

Die Kinder haben es gut mit Mutter

Haben sie es bei Mutter gut und bei Vater gut, ist für sie die Welt in Ordnung. Heikel wird es für sie erst, wenn sie in die Stimmung des Ex-Paar-Duells geraten. Fertigpizza-Mampfen bei Vater ist fast ein Verrat an der Mutter, Zähneputzen nach jeder Mahlzeit bei der Mutter ist fast ein Verrat am Vater.
Verbringen die Kinder Zeit beim Vater oder bei der Mutter, gehört es fast dazu, dass sie mit ihm oder ihr etwas machen, etwas leben, das dem anderen Elternteil auf die Nerven geht. Sie leben beim anderen Elternteil immer etwas «Falsches». Da ist es wichtig, zu erkennen, dass sie dieses «Falsche» nur leben, weil sie bei Vater oder Mutter sind, es einfach mitmachen. Sie machen nichts Falsches beim anderen Elternteil, sie leben nur etwas, was dem gerade nicht anwesenden Elternteil nicht «in den Kram» passen würde.

Am Anfang der Trennung, wenn die Lebensart des Ex-Partners, der Ex-Partnerin immer noch «Allergien» auslöst, kann es gut sein, möglichst wenig von den Kindern über ihre Zeiten beim Ex-Partner zu hören. Erzählen die Kinder von sich aus – was fast unausweichlich ist, denn sie haben ja Vertrauen zu ihren Eltern –, wie es gewesen ist: nur zuhören, «soso», «ah ja» sagen, möglichst nicht nachfragen, auch wenn das Erzählte innerlich bewegt und vielleicht aufregt, es nur zur Kenntnis nehmen. Mit einer gewissen Skepsis, die im Gesicht des zuhörenden Elternteils zum Ausdruck kommt, können die Kinder umgehen. Aber in diesen Szenen den Kindern das Gefühl zu vermitteln, sie hätten etwas falsch gemacht, gar etwas Verbotenes mitgemacht, treibt die Kinder in einen Loyalitätskonflikt.
Man darf sich vor Augen halten, dass Kinder beim andern Elternteil nur mitleben. Auch wenn sie dies und das mitmachen, heißt es noch lange nicht, dass es die Kinder in Bezug auf ihr Werden groß beeinflusst. Auf dem langen Weg durch die Kinderstube erleben sie vieles. Sie haben die Tendenz, intuitiv das für sie Richtige mitzunehmen. Sichtbar wird es aber erst richtig, wenn sie ins Erwachsenenalter treten, unabhängig von den Eltern leben.

Hier noch eine Ergänzung zum Thema *Wie es mit Kindern denkt und fühlt*: Viele denken, dass junge Erwachsene, wenn sie einmal fünfundzwanzig Jahre alt sind, zu sechzig bis achtzig Prozent das Produkt der Erziehung seien. Zwillings- und Resilienzforschung (Resilienz = Widerstandsfähigkeit) zeigen, dass die Grundkonstitution, Gene und die persönlichen Fähigkeiten einen viel größeren Einfluss darauf haben, wie sich ein Individuum entwickelt. Die meisten Kinder machen aus Schwierigem für sich etwas Gutes, sie haben die Fähigkeit, aus allem etwas zu lernen, im Sinn eines gesunden Egoismus. Heißt, wie beim Segeln, sie «floaten», halten aber Kurs auf ihr eigenes intuitives Ziel, einfach groß zu werden.

Aus dem nicht Miterlebten Vertrauen gewinnen

Wie geht es meinem Kind? Eine Frage, die mit der Trennung bedeutender wird. Vor der Trennung konnte man das Kind mehr oder weniger miterleben, im eigenen Alltag, wenn es von der Kita, den Großeltern oder der Schule zurückkam. Man war nahe dabei, wenn ein Husten das Kind quälte. Nun will man auch wissen, wie es dem Kind geht, wenn es mit dem anderen Elternteil zusammen war, dem man allenfalls immer weniger traut.

Mit der Trennung ergeben sich diesbezüglich Unterbrüche und Lücken. Man sieht das Kind erst nach drei Tagen Schule, einem dreitägigen Wochenende, zwei Wochen Ferien wieder. Das alltägliche Dabeisein und Spüren, wie es ihm geht, fällt weg. Das tägliche Betreuen, Aufnehmen und Auffangen von Schwierigkeiten und das feinmaschige Unterstützen entfallen.

Wie damit umgehen? Die Versuchung ist groß, sich täglich berichten lassen zu wollen, wie es dem Kind geht. Wenn der andere Elternteil sich weigert, was nicht selten der Fall ist, dann können ja die Kinder anrufen. Oder man kann sich rasch nach dem Heimkommen quasi rapportieren lassen, wie es ging, was gemacht wurde.

Das bringt die Kinder in die Zwickmühle. Denn ganz nach dem Gusto der Mutter oder des Vaters lief es dort bestimmt nicht. Kinder kennen den Konflikt ja schon aus der Zeit, als die Eltern noch zusammen waren. Sie müssten also etwas erzählen, das Erstaunen oder Skepsis im Gesichtsausdruck des «ausfragenden» Elternteils auslöst. Oder sie müssten von sich etwas nicht ganz so Tolles erzählen, denn brav waren sie ja bestimmt nicht immer. Es ist anzunehmen, dass die Kinder sich halb verweigern zu reden, irgendetwas faseln, Quatsch erzählen, lückenhaft berichten und sich in die Mangel genommen fühlen würden. Aber richtig schlau aus dem Berichteten würde der oder die Fragende nicht.

Das Schlüsselwort heißt hier wahrscheinlich «Vertrauen». Die Lebensumstände einer Trennung geben den Eltern die Chance, dem Kind mehr Vertrauen zu schenken. Dieses Vertrauen entsteht durch Erzählenlassen (freiwillig und Zeit dazu lassen) und vor allem durch Beobachten und das Überblicken von Zeitspannen. So erfährt man eher, wie das Kind «funktioniert», als wie es reagiert. Im Alltag erlebt man von den Kindern viele Reaktionen: eine schlechte Note, Streit im Sandkasten, schlecht geträumt, den Frust nach einem verlorenes Spiel. Die Eltern ihrerseits reagieren oft, indem sie rasch korrigieren, rasch trösten, rasch das

Problem lösen. Lebt man mit Kindern in Intervallen zusammen, ergibt sich die Chance, Kinder anders kennenzulernen, zu erfahren, wie sie mit ihrem Leben umgehen. Man erfährt erst im Nachhinein, dass es im Sandkasten Streit gab oder das Kind eine schlechte Note schrieb, dass dies dann auch noch zu Streit zu Hause mit dem anderen Elternteil führte, dass es danach schlecht schlief und anderntags mürrisch war. Dass sich aber schon vor dem Zurückkommen wieder alles eingerenkt hat. Wie es genau vonstatten ging, erfährt man nicht. Was das Kind dabei dachte, wie es im Moment reagierte, was es genau sagte, welche Gefühle es hatte – all das bleibt mehr oder weniger im Dunkeln. Aber man merkt, dass das Kind etwas überstanden hat. Hört man mehrere solche Episoden, in denen das Kind ein «Abenteuer» erfolgreich überstanden hat, gewinnt man Vertrauen in die Lebenstüchtigkeit des Kindes. Es wächst ein positives Grundgefühl für Tochter oder Sohn.
Ich glaube auch, dass Kinder mit getrennt lebenden Eltern diesbezüglich von etwas sehr Wertvollem mehr bekommen als Kinder, die mit beiden Elternteilen zusammenwohnen: Vertrauen in eine gewisse Eigenständigkeit, größere Räume für die Selbstorganisation, mehr Spielraum für eigene Erfahrungen. So erhalten sie vielleicht auch mehr Gelegenheiten, Stolz und Bewunderung von ihren Eltern zu erfahren, wenn sie berichten, was sie wieder gemeistert haben.

Ich möchte hier trotz der eben dargelegten Gedanken nochmals darauf hinweisen, dass es von Vorteil ist, wenn die Eltern die Kinder nicht penetrant ausfragen, sondern im Erfahren- und Hörenwollen der Erlebnisse der Kinder eine gewisse Zurückhaltung üben. Kinder sollen dann aus dem anderen Leben, von Schule, Sport oder Besuchen der Großeltern und Tanten erzählen können, wenn es für sie okay ist, wenn die Zeit dafür reif ist und dabei kaum Skepsis in der Mimik des zuhörenden Elternteils zu spüren ist. Dann erfährt man einiges. Dazu gehören auch schwierige Dinge. Durch das Erzählenlassen, Abwartenkönnen, bis die Kinder selbst etwas erzählen, ohne sie auszufragen und sich einzumischen, bekommt man eine Übersicht.

Nun ein Doppelleben

Mal leben die Eltern mit Kindern zusammen, dann sind die Kinder wieder weg, dann kommen sie wieder. Zeitweise Mutter oder Vater sein und zeitweise…? Was ist man in der Zeit, in der die Kinder nicht zu Hause sind, über Nacht oder tageweise? Klar, Mutter oder Vater bleibt man. Bleibt man aber am Wochenende oder Abend ohne Kinder, ist man nicht mehr in der Rolle von Mutter oder Vater. Früher, als man noch zusammenlebte, kreiste das eigene Leben zunehmend um die Familie. Man ging für sie arbeiten, eine kleine Reise mit Freunden war eine Abwechslung zum Familienalltag. Kam man nach Hause, hatte man das Erlebte nicht nur für sich gemacht, man hatte es irgendwie auch für die Familie getan. Kam man wieder nach Hause, erlebte man ein Gefühl von Übereinstimmung.

Dieses Gefühl von Übereinstimmung, etwas im Sinn der Familie gemacht zu haben, verliert sich nach einer Trennung. In den Zeiten ohne Kinder beginnt wieder, und das kann lange zurück sein, ein Leben für sich selbst. Es beginnt wieder eine Zeit, in der man sich einen Sinn, einen Zweck ohne Kinder geben muss, etwas wie eine zweite Identität. Man versucht, wieder vermehrt Klub- oder Freundeskreismitglied zu sein, aktiv oder passiv nach einer neuen Partnerschaft die Fühler auszustrecken, wieder mehr einzutauchen in die eigene Ursprungsfamilie, mit den eigenen Geschwistern oder Eltern zusammenzusein. Diese Schritte führen ein Stück weiter weg von den Kindern. Ihnen davon zu erzählen, diese Unternehmungen mit ihnen teilen zu wollen, macht keinen rechten Sinn mehr.

In den Zeiten mit den Kindern lebt man für sie, in den Zeiten ohne die Kinder lebt man eigentlich für sich. Das kann am Anfang einer Trennung sehr ungewohnt sein. Es kann einem wie eine Art Verrat gegenüber den Kindern vorkommen, wie eine Art von Distanzieren. Doch diesbezüglich nichts machen, nichts zulassen, quasi in der «kinderlosen» Zeit vor allem auf die Kinder warten, ist eher frustrierend.

Es tut beiden Generationen gut, wenn Eltern mit der neuen Situation positiv umzugehen lernen, besonders dem «verlassenen» Elternteil. Das neue Leben akzeptieren und wieder etwas für sich

selbst unternehmen befreit von allfälligen Verlassenheitsgefühlen, gibt reell das Gefühl, dass das Leben weitergeht. Gibt allenfalls wieder das Gefühl, dass man mehr ist als nur Mutter oder Vater. Ist man in Versuchung, «im Loch» stecken zu bleiben, damit der oder die andere den Schmerz spüren soll, damit der «Betrug» eine Form erhält, ist zu sagen, dass der oder die andere wahrscheinlich dies alles ignoriert. Es kommt dort gar nicht mehr an.
Auch für die Kinder ist es sicher angenehmer, zu einem Elternteil zurückzukehren, der etwas erlebt hat, etwas zu erzählen weiß, der den Kindern vorlebt, dass das Leben weitergeht. Kinder haben ein gutes Gespür dafür, wie es den Eltern geht. Kommen sie zurück und merken, dass sie der Mutter oder dem Vater allzu sehr gefehlt haben, fördert dies bei ihnen Schuldgefühle und Loyalitätskonflikte. Es bleibt einem nichts anderes übrig: Man muss eine Art Doppelleben führen.

Ein Teil des anderen Elternteils bleibt im eigenen Alltag

Ist man, allenfalls nun endlich, mit den Kindern im eigenen Alltag, kann das auch eine Befreiung sein. Man kann wieder sich selbst sein, die eigene Art Familie leben, den eigenen Rhythmus bestimmen, in der eigenen Art mit den Kindern umgehen – ohne Kritik und skeptische oder gar feindliche Bemerkungen des Ex-Partners bzw. der Ex-Partnerin. Bis zur Trennung hat sich oft schon eine Art «Allergie» eingeschlichen auf die Weise, wie der andere Elternteil sich gibt, sich ausdrückt oder etwas macht. Oft ist das Bedürfnis nach Befreiung groß.
Diesem Gefühl von Befreiung spielen Kinder nicht selten einen Streich. Sie gleichen ja meistens dem einen oder andern Elternteil, in Gestik, Ausdrucksweise, Redensarten oder im Empfinden einer Sache. Sie erinnern so im eigenen Haushalt an den Ex-Partner, die Ex-Partnerin. Kindern passiert es oft, dass sie die andere Art des nun nicht mehr mit ihnen zusammenlebenden Elternteils etwas mehr betonen, mehr ausleben. Sie nehmen die Gewohnheiten oder das Lebensgefühl ihrer alten Familie mit, tragen es in sich, fühlen dieses als Teil ihrer selbst. Fällt es weg, ist es nicht da, betonen sie diesen Teil mehr, «inszenieren» ihn für sich selbst, für ihr

eigenes Lebensgefühl, für ihr eigenes Gefühl von Zu Hausesein. Das muss nicht als Opposition oder gar Verweigerung aufgefasst werden, es ist einfach ein Sich-selbst-Helfen, das Ausfüllen oder Ausgleichen eines Mankos.
Eltern müssen damit rechnen, dass Kinder diese andere Seite mehr betonen, besonders bei Konflikten. Kinder haben es in sich, wie Vater mit Mutter oder Mutter mit Vater gestritten hat. Tonlagen, Aussprüche, sich abwenden oder nichts sagen, all die feinen Muster, wie sich die Konflikte abgespielt haben, kennen sie. Sind die Kinder dann mit Mutter oder Vater allein, kann es gut möglich sein, dass sie auf das Repertoire, wie man mit Vater oder Mutter streitet, zurückgreifen. Sie haben ja erlebt, dass dies oft nützlich war und Wirkung zeigte. Sie benutzen nun quasi die «Waffen» des anderen. Kinder sind kleine Egoisten, im Streit benutzen sie Bewährtes für sich. Ich glaube, böse darf man ihnen deswegen nicht sein; und Eltern sollten es nicht persönlich nehmen, dass das Kind sie nun mit der Art des anderen Elternteils «straft». Wenn es geht, muss man es einfach hinnehmen, dass man den anderen Elternteil nicht ganz loswird. Und wenn es geht, sollte man auch mal versuchen, im Kind das Positive des anderen Elternteils wahrzunehmen, denn Kinder nehmen von beiden Elternteilen auch schöne und lebenstaugliche Wesenszüge mit – Wesenszüge, die ja früher auch mal dazu führten, dass man sich verliebte.

Eine zeitliche Brücke geben, die ersten zwei Jahre

Der Beginn der Trennung, die Anfangszeit des neuen Lebens enthält viel Neues und Ungewohntes. Auskommen mit einem kleineren, oft sehr knappen Budget, allenfalls Einleben in ein neues Zuhause, Angewöhnen von Zeiten mit und ohne Kinder, nicht mehr Verantwortung teilen können, im Familienleben allein kutschieren. Die Kinder kommen und gehen, sie verhalten sich anders, zeigen neue Seiten, zeigen Reaktionen wie oben beschrieben. Man darf es als außergewöhnliche Situation bezeichnen. Kinder wie Eltern können sich wie im Sturm auf offener See vorkommen, wie mitten im Tropenregen. Ruhe bewahren! Das tönt platt und abgegriffen, aber es ist vielleicht wirklich der wichtigste Ratschlag, der da zählt. Trennung kann man nicht lernen, Trennung kann man nicht planen und durchführen wie ein geschäftliches Projekt. Trennung ist ein Umbruch einer Familie, familiär geht es zu und her. Jede Familie, jedes Familienmitglied muss mit dieser Veränderung in seiner besonderen Art zurechtkommen. Jede Familie muss ihre eigene Art herausfinden und tut es auch.

Früher dauerte bei einem Todesfall die Trauerzeit zwei Jahre. Zwei Jahre lang trug man Schwarz oder Trauerflor. So viel Zeit darf man sich auch bei einer Trennung geben. Das ist sinnvoll. Denn das erste Jahr bedeutet die ersten Weihnachten, die ersten Ostern, die ersten Geburtstage, die ersten Ferien in der getrennten Familienorganisation. Das muss man erst einmal erlebt oder durchlebt haben. Im zweiten Jahr folgen dann das erste Mal die Wiederholungen, da erlebt man, dass es geht, dass es machbar ist. Man erlebt, dass man Wege und Lösungen gefunden hat.
Auch wenn es am Anfang schwierig ist, ist es sicher gut, wenn Eltern recht cool bleiben können, nicht versuchen, hektisch alle Schwierigkeiten wegzulösen. Der Sinn der Lösungssuche sollte vorerst die Suche nach einem guten Umgang mit der Krise, dem Abenteuer sein. Der Sinn von allfälliger Hilfe bei Beratungsstellen oder Psychologen, für sich selbst oder die Kinder, sollte nicht sein, die Probleme sofort zu lösen, sondern eher einen sinnvollen Umgang mit der Trennung zu finden. Traurigkeit oder Wut nicht gleich wegtherapieren wollen, eher herausfinden, wie mit der Traurigkeit oder Wut umgegangen, gelebt werden kann. Das Hin und Her der Kinder muss nicht gleich reibungslos verlaufen, es soll sich einpendeln können. Erste Lösungen werden oft von besseren abgelöst, die man erst mit der Zeit herausfindet. Die Existenzängste können nicht gleich mit Vereinbarungen entschärft werden. Man kann sich darauf verlassen, dass familienrichterliche Instanzen eine recht gute Rechtssicherheit garantieren. Darauf vertrauen, dass in Zentraleuropa eine Existenzsicherung gewährleistet ist. Das mag für viele etwas zynisch tönen, aber es ist wichtig, dass man erkennt, dass das Leben weitergeht. Sich erlauben, zu improvisieren, lässt gute Lösungen wachsen.

Ich betone dies, weil es für die Kinder sehr hilfreich ist, Unsicherheit und Verwirrtheit zeigen zu dürfen. So haben sie weniger das Gefühl, dass sie etwas falsch machen, besser sein müssten, was sie noch zusätzlich verunsichert. Mit einer Trennung haben sie schon genug zu tun. Sie sollten nicht auch noch in den Zwang kommen, alles unauffällig, klug und sicher meistern zu müssen. Das wäre, wie man so sagt, «noch eins drauf gegeben». Wenn es keinen solchen Zwang gibt, haben sie eher das Gefühl, dass sie in einem Abenteuer sind und ihnen vertraut wird, dass es wertvoll ist, wie sie ihren Teil zu lösen versuchen und sich daran beteiligen, neue Wege zu finden.

Kleine Ausnahmen je nach Kind, je nach Befinden der Eltern (Übergangszeit)

Den meisten Eltern gelingt es, vor der Trennung schon zu regeln, wie die Elternzeiten eingeteilt werden, wann die Kinder bei wem sind. Der Abmachung voraus geht meist ein Ringen, oft ein zähes. Das Vertrauen in den andern Elternteil ist oft nicht mehr groß, man ist nicht mehr sicher, ob dann das Besprochene auch eingehalten wird. Wegen der zerrütteten Beziehung des Ex-Paares fühlt man sich verpflichtet, später auf dem Vereinbarten zu beharren. Nicht wieder aushandeln, sonst geht es von vorne los, die Kraft dazu fehlt.
Aber die Hauptakteure in der Trennung sind Kinder, die neu zwischen den Eltern pendeln, sind Eltern, die eine schwierige Zeit durchleben. Es können sich mit der vollzogenen Trennung unerwartet Schwierigkeiten zeigen. Die sonst so selbstsichere Tochter getraut sich nun doch nicht, den Bus zum Ballettunterricht zu nehmen. Der Sohn hat schon nach einer Nacht «Heimweh» nach dem Mami. Die Mutter verzweifelt wirklich fast, wenn sie die Kinder mehr als zwei Nächte nicht bei sich hat.
Man hat es geregelt, da kann man doch nicht schon am Anfang gleich wieder alles ändern, wird man sich sagen. Und wie soll man sicher sein, dass es wirklich so ist? Oder wird da einfach übertrieben, so wie es schon vor der Trennung war – alles nur Taktik, damit…

Es kann ja wirklich sein, dass die Tochter unsicherer wurde. Den genauen Grund dafür findet man vielleicht nicht, aber es passt ja schon zur Trennungszeit. Sie getraut sich nun wirklich nicht mehr, selbstständig die ÖV zu benutzen. Es kann ja wirklich sein, dass es dem Sohn zu schnell ging und er die Mama während einer Nacht beim Papa wirklich schon vermisst. Und es kann ja wirklich sein, dass der Mutter ihre Kinder schon nach zwei Nächten fehlen.
Wie damit umgehen? Man kann davon ausgehen, dass die getroffenen Regelungen gut sind und gelten, diese aber eine Übergangs- oder Angewöhnungszeit benötigen. Das heißt, dass man für die nächsten zwei Wochen oder zwei Monate noch Ausnahmen eingesteht. Das Ziel ist klar, aber das Einleben braucht für Kinder und oft auch Eltern Übergangslösungen.

Auch hier hilft es, die Elternebene und die Ex-Paar-Ebene auseinanderzuhalten und sich Mühe zu geben, Konflikte auf der Ex-Paar-Ebene außen vor zu lassen.

Erste Bilanz

Wenn es geht, sollte man möglichst nur über das sprechen, was geleistet wurde, überwunden ist und verändert werden konnte. Das ist nicht trivial, nicht einfach nur «positiv» gedacht. Besonders der Elternteil, der eher unfreiwillig in die Trennung gehen musste, ist geneigt, alle Herausforderungen als aufgezwungen wahrzunehmen. So ist er kaum fähig oder bereit, all das Geleistete als Selbsterfolg gelten zu lassen. Man wünscht allen Eltern, dass sie aus diesem Loch herauskommen. Und wieder möchte ich hier auf die Unterscheidung der Eltern- und der Ex-Paar-Ebene hinweisen. Das eigene Elend sehen, aber trotzdem akzeptieren, dass den Kindern meistens eine große Anerkennung für ihr Mitmachen gebührt. Kinder verdienen es, dass beide Seiten anerkennen, was sie alles gemeistert haben. Sie pendeln zwischen den Eltern, haben allenfalls zeitweise einen neuen Schulweg, können mehrere Tage ohne Mutter oder Vater leben, kommen mit weniger teuren Kleidern zurecht, kommen auch mit dem anderen Elternteil selbstständig zurecht und noch vieles mehr. Es ist schön für die Kinder, wenn nach einem Jahr oder etwas früher die Atmosphäre bei Mama oder Papa nicht mehr vom Schatten der Trennung geprägt ist und die Stimmung aufblüht, dass sie wieder zu den normalen Familien gehören.

Bleibt Schwierigstes bestehen und erweisen sich Probleme als kaum überwindbar, beispielsweise wenn ein Elternteil nicht aus dem Tief herauskommt und sich eine Depression abzeichnet oder wenn ein Kind nicht aus seiner Verweigerungshaltung herauskommt, sollte man gut analysieren, in welchem Teil der Familie Veränderung gesucht oder allenfalls Hilfe organisiert werden soll.

Nicht mehr alle Probleme sind gesamtfamiliär lösbar, jetzt gibt es auch eine gewisse Eigendynamik der Familienteile. Schlafen die Kinder an den Wochenenden beim Vater oft zu wenig, sodass die Mutter am Montagmorgen große Mühe hat, sie in die Schule zu schicken, sollen die Eltern als Eltern nach Veränderungen und Lösungen suchen. Gibt es in einem Haushalt viel Streit mit einem Kind, soll unterschieden werden, ob das Kind noch in Loyalitätskonflikten steht oder ob das Verhältnis zwischen dem einen Elternteil und dem Kind heikel ist. Je nachdem muss das Problem auf der Elternebene oder auf der einen Familienseite besprochen werden. Familienberatungen können dabei eine Hilfe sein. Dort können Eltern zusammen, allein oder ein Elternteil zusammen mit einem Kind solche Schwierigkeiten angehen.

Auf die Dauer

Kinder gehören nicht nur den Eltern

In der ersten Zeit nach der Trennung ergibt sich bei vielen Familien (aus Sicht der Kinder ist es noch eine Familie, daran sei erinnert), dass die Kinder nur noch bei Vater oder Mutter übernachten und nicht mehr bei Verwandten und Freunden. Das entspricht oft nicht nur dem Bedürfnis der Eltern, sondern auch der Kinder. Nebst Kita, Schule oder Hort müssen die Kinder doch recht viel Beweglichkeit zeigen und sich in der neuen Familienorganisation einleben. Das Bedürfnis der Eltern begründet sich stark damit, dass sie bezüglich der Beziehung zu ihren Kindern verunsichert sind, Verlustängste schwingen mit. Sie müssen zuerst erleben, dass es nur anders wird, dass die gegenseitige Liebe, die Eltern-Kind-Beziehung stabil bleibt und andauert. Sie müssen über eine gewisse Zeit ohne Kinder erfahren, live, dass die Kinder ihr Leben weiterführen, auch wenn sie nun weniger bei Mutter oder Vater sind. Die Eltern müssen erfahren können, dass ihre Gefühle zu den Kindern, ihr Interesse, wie es ihnen geht und wie sie nun ticken, auch bei weniger Begegnungen intakt bleiben.

Sie müssen erkennen oder erfahren können, wie ihre Kinder mit den neuen Umständen umgehen, welche Fähigkeiten sie für sich entwickelt haben. Vielleicht auch, dass der andere Elternteil für die Kinder gar nicht so schlimm ist, wie befürchtet. Das alles braucht seine Zeit.

Ist einigermaßen wieder Alltag, ein Trott eingekehrt, ist es Zeit, sich daran zu erinnern, dass die meisten Kinder auch außerhalb der Familie Beziehungen pflegen wollen, falls dies verloren gegangen ist. Die Kinder sollen wieder erleben, dass sie auch bei weniger vertrauten Leuten wie Tanten, Großeltern, einer Patin, Kollegin oder einem Kollegen Zeit verbringen und bestehen können. Dazu gehören mehr als nur Besuche, dazu gehören auch das Übernachten oder Ferien bei anderen Leuten. Dies gibt den Kindern das Gefühl und die Sicherheit, dass sie nicht nur bei den Eltern überleben können. Sie gewinnen einen Eindruck, wie sich in anderen Haushalten auch gut leben lässt: anderes Essen, anderes Lachen, anderes Streiten, andere Düfte und vieles mehr. Das

Bei Großeltern

kann alles sehr spannend sein. Zudem erleben die Kinder, dass sie nicht nur den Eltern gehören, dass sie auch «Mitmensch» sind und es immer mehr werden.

Die in der Trennungsaushandlung gemachte Rechnung, die vor allem auf der Ex-Paar-Ebene gerechnet wurde: «Wann habe ich die Kinder, und wann hast du sie?», muss nun erweitert werden mit der Frage: Mit wem sollen die Kinder nebst den Eltern wertvolle Beziehungen aufbauen und pflegen können?

Ablösungsphase und damit verbundene Veränderungen

Im vorliegenden Text ist fast immer die Rede von Kindern. Diese werden aber älter, und mit dem Älterwerden stehen Veränderungen an. Viele Anpassungen ergeben sich von selbst. Trotzdem müssen die Eltern zusammen mit ihren Kindern, den bald oder schon Jugendlichen neue Umgangsformen und Regeln finden, Vereinbarungen, was sie in eigener Verantwortung tun dürfen und was nicht, welche Plichten sie zu erfüllen haben. Diese Veränderungen bringen wieder Dynamik in das nun etwas gefestigte Gefüge der an verschiedenen Orten lebenden Trennungsfamilie.
Wenn die Kinder oder Jugendlichen ihren eigenen Weg zu bestimmen beginnen, eigene Prioritäten entwickeln, kann es für einen

Elternteil zu größeren Veränderungen als für den anderen Elternteil kommen. Meistens bedeutet das für den Elternteil, der weiter weg vom Alltag seiner Jugendlichen lebt, eine Reduktion der Zeit, die er mit seinen Kindern verbringen kann. Pfadi oder Blauring, Sport oder Orchesterprobe füllen mehr und mehr die Freizeit aus. Am Samstagnachmittag ist Blauring, ein Match, am Sonntag ein Treffen, ein Meeting. Das hat Priorität, ist wichtig für die jungen Leute. Das wäre auch so, wenn es keine Trennung gegeben hätte. Den Kindern und Jugendlichen ist sehr zu wünschen, dass sie Verständnis bekommen und man sie ziehen lässt. Zum Teil kann diese ausfallende Zeit kompensiert werden, indem man mal ein längeres Wochenende zusammen verbringt oder ein paar Tage Ferien mehr. Aber als Eltern muss man damit rechnen, dass sich die Zeit mit den eigenen Kindern rasch ausdünnt. Wenn es geht, sollte man nur an die Bedürfnisse der Kinder denken, nicht mehr an die alte Ex-Paar-Rechnung «wie viel ich, wie viel du». Und man sollte auch nicht aufrechnen, wie viel Alimente man für die Kinder bezahlt und wie wenig man sie sieht. Ob die Eltern mit den Kindern zusammenleben oder nicht, sie sehen sie mit der Zeit immer weniger.

Jugendliche – die einen früher, die andern später – werden eigenwilliger, oft sogar sehr. Sie wollen plötzlich nicht mehr zwischen Vater und Mutter pendeln, nicht mehr da und dort wohnen, sich nur noch da bewegen, wo ihre Freunde sind, in ihrem Umfeld. Die einen machen es, sind diesbezüglich genug egoistisch. Andere getrauen sich nicht, spüren irgendwie, dass sie besonders dem Elternteil, der ohnehin schon etwas zu kurz kam, etwas wegnehmen würden. Die Gefahr besteht, dass sie sich deswegen aus dem Kollegenkreis zurückziehen, sich aus einem Hobby ausklinken. (Das kann allerdings auch sonst passieren, einfach weil sich in der Pubertät vieles ändert.)

Jugendliche benötigen deshalb irgendwann um das sechzehnte Altersjahr, um das Ende der obligatorischen Schulzeit herum, ein gutes Wort des betroffenen Elternteils: Dass es okay ist, wenn sie wegen Hobby und Freunden weniger häufig vorbeikommen. Unausgesprochen soll dies nicht bleiben, die Initiative muss von den Eltern ausgehen. Dieser elterliche «Segen», mit dem man anerkennt, dass die Kinder flügge sind und man ihnen zutraut, sich zunehmend selbstständig zu machen, ist sehr viel wert. Die Kinder und Jugendlichen sind ihren Eltern dafür sicher sehr dankbar, auch wenn sie es nicht sagen, nicht richtig zeigen können. «Ich finde es schade, dass wir weniger zusammen sind, aber es ist gut und toll, dass du deine Sachen machst, bin stolz auf dich!», wäre ungefähr der Satz, den sie mal hören sollten, auch wenn es dem Elternteil, der dies sagen muss, innerlich weh tut.

Andererseits muss der Elternteil, bei dem mehr Alltagsleben stattfindet, damit rechnen, Freiheiten zu verlieren. Das kann ein allenfalls neu begonnenes Privatleben einschränken. Möglicherweise wohnt der andere Elternteil zu weit weg, als dass die Kinder am Samstagmorgen rechtzeitig beim Match oder in der Pfadi sein könnten. Also bleiben die Kinder die Nacht von Freitag auf Samstag beim Elternteil, wo sie den Alltag verbringen. Dieser muss dann am Freitag früher nach Hause oder kann nicht auswärts übernachten, ist nicht allein in der Wohnung mit der neuen, vielleicht noch nicht sicheren Partnerschaft. Das gewohnte Leben, mal ein Wochenende mit, mal eines ohne Kinder, kommt ins Wanken. Jugendliche gehen zunehmend in der eigenen Wohnung ein und aus, wie es ihnen passt. Kommen spät oder erst in der Früh nach Hause, schlafen bis Mittag. Womöglich bald schon mit einer eigenen Freundin oder einem eigenen Freund.

Der Elternteil, bei dem sich die Jugendlichen hauptsächlich einnisten, muss auch damit rechnen, dass er viel mehr Pubertäts- und Ablösungsauseinandersetzungen mitmachen, austragen und aushalten muss als der andere. Viele Jugendliche erleben das Leben außerhalb der Familie als herausfordernd, oft nicht einfach, nervend. Sie geben sich viel Mühle, draußen in Schule, Lehre, Freizeit und Freundeskreis zu bestehen, eine gute Falle, einen guten Eindruck zu machen – das Zu Hause ist hingegen der Ort, wo man loslassen, den Frust ausleben kann, wo sich ein Ventil öffnet und der Druck sich entlädt. Der andere Elternteil kann da meistens nicht mehr helfen, der ist draußen. Die Jugendlichen wollen oft, dass der andere Elternteil nicht alles erfährt, dass ihre «Peinlichkeiten» nur in «ihrer» Wohnung bleiben. Hilfe, um mit diesen Belastungen fertig zu werden, muss der Elternteil, in dessen Wohnung sich das alles abspielt, auf der eigenen Seite suchen und organisieren. Viele erleben dies als Undankbarkeit, und es kann wie-

der eine Rechnung auf der Ex-Paar-Ebene entstehen: wieder allein gelassen!
Andererseits erlebt der weniger involvierte Elternteil seine Kinder in solchen Zeiten oft als recht souverän, heißt, dass die Jugendlichen bei ihm ihre Aktivitäten und ihr Umfeld als toll und bestens beschreiben, so wie draußen bei Freunden und Kollegen. Eltern können Jugendliche sehr unterschiedlich erleben, dessen muss sich auch der weniger involvierte Elternteil bewusst sein.
Auf der Ex-Paar-Ebene könnten wieder heikle Rechnungen aufkommen. Da lohnt es sich, sich vor Augen zu halten, dass die Auseinandersetzungen mit Jugendlichen viel mehr eigendynamische Aspekte haben, als dass die alte Trennungsgeschichte noch Einfluss haben könnte. Trennung/Scheidung verführt dazu, über Jahre hinweg alle Probleme und Entwicklungen auf diese Achse zu beziehen. Aber im Gesamten entwickeln sich mit den Kindern, den Jugendlichen in beiden Haushalten zunehmend eigenständige Beziehungsdynamiken, eigene Elternteil-Kinder-Beziehungen.

Den Kontakt aufrechterhalten

Wenn Jugendliche flügge werden, besteht, wie oben beschrieben, die Tendenz, dass der Kontakt zum weiter entfernten Elternteil sich sehr ausdünnt. Das meistgenannte Argument der Eltern, die Kinder zu sehen, sind in dieser Situation Formulierungen mit «Lust haben» und «mögen». Oft ergänzt mit dem Satz, dass man sich «nicht aufdrängen» wolle.

So oder so, und besonders bei Trennung und Scheidung, sind Gefühlsbezeugungen um das Sich-begegnen- und Sich-sehen-Wollen zwischen Eltern und Kindern schwierig. In der Pubertät und Adoleszenz ist es für Jugendliche kaum möglich, wirklich zu spüren, zu wissen, ob sie Lust haben, mit dem Vater zu essen, einen Ausflug zu machen. «Lust» haben sie kaum einmal, «mögen» tun sie nur halbwegs. Jugendliche spüren aber auch, dass sie ehrlich sein sollten, dass sie dann wirklich lustvoll oder aufgestellt sein müssten, wenn sie sich mit dem Elternteil treffen. Die Eltern ken-

nen sie, merkten, wenn sie nur halblaunig dabei wären. Und aus der Trennungsgeschichte kennen die Kinder die emotionalen Animositäten der Eltern, wissen aus Erfahrung, wie leicht sie die Eltern verletzen, wenn sie nicht ausstrahlen, was erwartet wird. Andererseits interpretieren die Jugendlichen das Rücksichtnehmen auf sie, das Nicht-aufdrängen-Wollen rasch als Desinteresse oder mangelnde Wertschätzung. Keiner will dem anderen wehtun, keiner will emotional etwas einstecken. Das ergibt ein fragiles emotionales Spielfeld, auf dem rasch Missverständnisse entstehen, die sich auswachsen können. Der eine denkt, der andere habe keine Lust, und der andere denkt, ich bin es ihm nicht wert – also trifft man sich nicht. Und ausgesprochen wird es so auch nicht.
Auch wenn Jugendliche schon fast auf Augenhöhe sind, Eltern müssen da die Regie übernehmen und der folgenden Formel Gestalt geben: Wir sind eine Familie, wir sind Eltern und Kind, wir müssen uns ab und zu treffen. Beweggrund und Motivation spielen da keine Rolle. Das heißt, dass Eltern einfach darauf drängen, wenns nicht klappt, immer wieder, dass man sich trifft. Wöchentlich oder monatlich, und wenn es nur zu einem kurzen Imbiss ist. Wenn die Jugendlichen kaum etwas erzählen, die halbe Zeit am Smartphone hängen – nicht übel nehmen, man ist Eltern und Kind, das gehört dazu.

Um diesem emotionalen Wirrspiel zu entgehen, kann es praktisch sein, wenn man mit den Jugendlichen ein Geschäft, einen praktischen Zweck findet, der das Treffen bestimmt: Lernen, in einem Hobby unterstützen, einen Job anbieten, wo man sich begegnet. Man sieht sich, erlebt sich, ohne dass man über Motivation, gegenseitige Wertschätzung und Emotionen nachdenken muss.

Falsche Fantasien, wie es beim anderen sei

Auf beiden Seiten des Ex-Paares können falsche Fantasien wachsen, wie es beim anderen Elternteil sei. Können «Rechnungen» wachsen, die die Animositäten auf der Ex-Paar-Ebene weiter nähren.

Der Elternteil, der weniger Zeit mit den Kindern zusammenlebt, stellt sich oft vor, dass der andere Elternteil nahe bei den Jugendlichen stehe, sie gut kenne, wirklichen Anteil an ihrem Großwerden habe. Etwas, was ihm nun fehlt und was er nicht erleben kann. Aber wie in zusammengebliebenen Familien auch, führt die Pubertät oft zu Zurückgezogenheit und Abgrenzung, sodass Jugendliche sehr oft mehr oder weniger nur ein- und ausgehen, kaum mal was Wichtiges sagen, sich emotional verschanzen und so für die Eltern ein Rätsel werden. Sie sind kaum mehr erziehbar und bereiten oft mehr Kummer als Freude.
Andererseits stellt sich der mit den Jugendlichen im Alltag lebende Elternteil oft vor, dass der andere Elternteil seine «kinderlosen» Zeiten voll auskosten und dann die Kinder während der Besuche bei ihm voll genießen könne, bei schönen Ausflügen und Unternehmungen. Aber viele erleben «das Leben ohne Kinder» als unvollständig, vieles zählt nicht richtig, weil sie eigentlich Vater oder Mutter wären und alles, was sie sonst machen, nicht das wirkliche Leben ist. Sie verspüren sehr oft eine latente Angst, die Kinder zu verlieren. Sie bemühen sich in allen Begegnungen, es gut, korrekt, den Kindern recht zu machen. Das Problem verstärkt sich noch in der Pubertät, wenn die Jugendlichen von sich aus die Zeiten mit dem zu besuchenden Elternteil kürzen.

Nötige Veränderungen bemerken und ermöglichen

Wie sich das Leben in der einen oder anderen Wohnung nach einer Trennung entwickelt, kann sehr vielfältig sein. Alle Eventualitäten können nicht beschrieben werden. Eine wünschenswerte Haltung, wie die Kinder/Jugendlichen im Fokus bleiben und mit ihnen Lösungen gefunden werden können, lässt sich wie folgt skizzieren: Das Großwerden und Gedeihen benötigt in jeder Wohnung ein großes Experimentiervertrauen. Es muss möglich sein, Krisen zu durchleben und durchzustehen. Lebenstüchtig wird, wer Auseinandersetzungen und Schwierigkeiten durchgestanden hat. Es braucht Vertrauen in die Kinder, dass sie die Krise überwinden können. Die Kunst dabei ist, herauszufinden, wann genug genug ist, wann die Kinder nicht mehr bloß «leiden» (in Abenteuern leidet man), sondern wirklich in Not sind und die Entwicklung des Kindes ins Negative zu kippen droht. Als Elternteil kann man dies erkennen, und als Ex-Paar-Teil muss man es sich eingestehen können.

Dazu einige Beispiele:

- Ein Kind findet sich in der Schule nicht mehr zurecht. Vieles ist schon versucht worden, aber die Situation ist absolut verharzt. Mögliche Lösung: Ein Umzug zum anderen Elternteil ermöglicht einen Schulwechsel, einen Neuanfang.
- Einem Kind fehlte im Alltag immer irgendwie der andere Elternteil. Im Jugendalter zeigt sich, dass es für seine Ablösung noch einmal mit dem fehlenden Elternteil zusammenleben muss. Mögliche Lösung: Nach der Lehre zieht es um.
- Ein Kind fühlt sich in der Jugendzeit in einer Patchwork-Familie mit Stiefvater und Halbgeschwistern zunehmend als fünftes Rad am Wagen. Mögliche Lösung: Es zieht zum anderen Elternteil.
- Ein auf dem Land aufgewachsenes Kind kommt nach dem Umzug mit der Mentalität in der Stadt überhaupt nicht zurecht. Mögliche Lösung: Es kehrt zurück zum anderen Elternteil.

Neues Budget ab 18 Jahren

Gerichte legen die Alimente für die Kinder bis zum 18. Lebensjahr fest. Ab dann sind sie mündig. Das Kind, mehr jugendlich als schon erwachsen, müsste nun mit seinen Eltern seine weitere Unterstützung aushandeln, wenn es noch in Ausbildung ist. Hier besteht die Gefahr, dass das «Kind» nochmals ins Kreuzfeuer der Ex-Paar-Beziehung gerät und alte Konflikte aufschwellen. Ein Klassiker: Der Vater ist selbstständigerwerbend, und die Mutter hatte immer schon das Gefühl, dass er nie sein wirkliches Einkommen für die Alimentenberechnung offengelegt hat. Zum Wohl der Kinder sollten Eltern von Anfang an, schon bei der ersten Regelung bei familienrichterlichen Instanzen oder beim Gericht, richtige oder realistische Zahlen angeben: ein realistisches Einkommen bei selbstständigem Erwerb oder einen realistischen Mietkostenanteil beim neuen Partner, der seine Eigentumswohnung bewohnt.

Ist dies nicht möglich, vielleicht auch weil dank Hilfe und Anraten eines Anwalts dies einmal anders geregelt wurde, sollten sich Eltern, die sich betrogen fühlen, wenn möglich einfach nicht mehr darum kümmern. Meistens geht es nicht um viel Geld, sondern eher um alte Rechnungen. Die finanzielle Unterstützung vor Gericht neu regeln zu lassen, kann für eine Jugendliche, einen Jugendlichen eine große Belastung sein.
Es gibt eine einfache Formel, die angewendet werden kann: Alle Unterstützungsveränderungen können im gleichen Verhältnis erhöht oder herabgesetzt werden, wie die Eltern die Kosten schon bisher aufgeteilt haben.

Spätestens, wenn sie heiraten

Es ist häufig (leider allzu häufig) so, dass Eltern als Ex-Paar in einem gewissen Grad verfeindet bleiben, sehr lange auf Kriegsfuß bleiben. Aber die Tatsache, dass man Eltern von Kindern wurde, die, wenn sie erfolgreich sind, einmal eine Lehre abschließen, einen Matura/Abitur-Abschluss machen, einen Hochschultitel erwerben, verpflichtet sie, einigermaßen ruhig und gelassen an einer Diplomfeier gemeinsam teilzunehmen und dem erfolgreichen Kind mit der gleichzeitigen Anwesenheit die familiäre Ehrung zu bezeugen. Spätestens wenn die Kinder heiraten, sollten ihre Eltern das Kriegsbeil so tief begraben haben, dass es eine schöne Feier werden kann.

Unterstützung

Unterstützung in Form von Familienberatung und psychologischer Hilfe: Es ist nicht selbstverständlich, dass Kinder, deren Eltern in einer Trennung stehen, als ganz normale Kinder in einem Abenteuer gesehen werden. Es lohnt sich daher, vorausgehend zu klären, ob die Beratungen auf folgender Grundhaltung basieren:
In Trennung/Scheidung sind Kinder nicht a priori Opfer und bedauernswerte Wesen, sondern normale Kinder in einer herausfordernden Episode.

Literaturangaben zum theoretischen Hintergrund

Der Baum der Erkenntnis: Die biologischen Wurzeln menschlichen Erkennens, Humberto R. Maturana, Francisco J. Varela, Kurt Ludewig, ISBN: 978-3-596-17855-1.

Der Familienmensch: Systematisches Denken und Handeln in der Therapie, Josef Duss-von Werdt , Rosmarie Welter-Enderlin, ISBN 978-3-12-901961-0.

homo mediator, Joseph Duss-von Werdt, ISBN 978-3-8340-1364-4, Klett-Cotta.

Eltern und Kinder, Das Drama von Trennung und Versöhnung im Jugendalter, Stierlin Helm, SBN/GTIN 978-3-518-37118-3.

Systemisches Coaching nach dem Marte-Meo-Modell. Christian Hawellek, Arist von Schlippe , ISBN 978-3-525-46227-0.

Resilienz: Ein Entwicklungspotential für Kinder, Jana Schubert-Rakowski, ISBN 978-3-95425-714-0